Amadou Karamoko Sanogo

Afrique 24 H chrono

Amadou Karamoko Sanogo

Afrique 24 H chrono

un soldat Africain rêva qu'il était enlevé par des extra-terrestres: il descend avec 900.000 officiers contrôler le monde

Éditions Muse

Imprint

Any brand names and product names mentioned in this book are subject to trademark, brand or patent protection and are trademarks or registered trademarks of their respective holders. The use of brand names, product names, common names, trade names, product descriptions etc. even without a particular marking in this work is in no way to be construed to mean that such names may be regarded as unrestricted in respect of trademark and brand protection legislation and could thus be used by anyone.

Cover image: www.ingimage.com

Publisher:
Éditions Muse
is a trademark of
International Book Market Service Ltd., member of OmniScriptum Publishing Group
17 Meldrum Street, Beau Bassin 71504, Mauritius

Printed at: see last page
ISBN: 978-620-2-29217-7

Afrique 24 heures chrono

Il était une fois un jeune soldat rêva de voir l'Afrique devenir la première puissance mondiale économique et militaire.

Un soldat commando parachutiste dans une Armée en Afrique, un jour dans son sommeil rêva qu'il était enlevé par des extras terrestres, et était envoyé sur une planète lointaine, là où il suivra une formation commando pour devenir général de l'armée.

Il redescend sur terre avec 900.000 Officiers s'empara du pouvoir et s'installas au palais du Koulouba, et contrôla toute la CEDEAO a partie de Koulouba, les soldats le surnomme Général Extra les présidents de états de la CEDEAO sont considérer désormais comme des gouverneurs d'états.

Union Africain et la communauté internationale, ONU tous condamnent son coup d'états, tout le media en parlent, les chefs d'états occidentaux multiplies les appels et des avertissements, en vins. Les occidentaux menaces de intervenir militairement.

Pendant ce temps le Général auto proclamé vagues à ses occupations quotidiennes avec son gouvernement.

Il fut lancé un projet de construction d'un immense palais à KANKABA village natale de Soundjata Keita, en 18 mois seulement la construction du palais trois fois plus grand et plus moderne que la maison blanche fut achevée. Le locateur de Kankanba est déjà installer le Général Extra s'exprime En dioula la langue commerciale ouest-Africain, et promet d'en faire la langue nationale de l'empire manding avec l'alphabet latin. Donc, très rapidement il met ses ministères d'éducation nationale et d'enseignement professionnel et supérieur au travail pour reformer toute les systèmes d'éducatifs académiques.

Dioula devient langue officielle mandingue imposer et enseigné à l'école à toute les niveaux.

L'OTAN lance intervention militaire, Amérique envoi d'abord une centaine des commandos parachutistes de force spéciale américains pour tenter de capturer le générale extra, pendant ce temps trois avion de chasse Américain pilonnent les positions des soldats mandingue, mais au grand surprise de Tous

Les forces spéciales Américain sont neutraliser et arrêter par les gardes républicain mandingue, l'armée manding désactivas toute les systèmes des tous engins ennemies volant au-dessous du territoire manding. Donc les trois avions de chasses Américain sont capturés.

Le général extra Resta ca même un personnage très discret son premier ministre et le porte-parole du palais et du gouvernement sont les personnelles médiatiques.

Pendant ce temps les Américains cherches coûte que coûte à libérer les prisonniers Américain dans les mains de l'armée mandingue les combat s'intensifier de jours en jours, mais aucune perte de vie humain n'est déplorer dans les deux côté, tous les soldats manding sont des hommes blinder et ne tue pas aussi les Américains ils leurs blessent sur jambes et le capturer.

Vu de la gravité, de la situation Nations-unis convoque un sommet extraordinaire.

Quelques jours avant le sommet du nations-unis à New-York,

Le porte-parole du palais du Kankanba Pr Bakary Diarra annonce à la télé que le Général Extra de mandingue assistera le sommet de nation-unis à New-York, après l'annonce de porte-parole du palais les réactions des occidentaux ne se sont pas fait attendre, le secrétaire générale de la maison blanche livre un communique.

« Nous avons appris le voyage de voyou imposteur du manding à New-York, nous l'attendons, s'il met pied sur le sol américain il sera apprendrez depuis l'aéroport et écroué comme un bandit. »

Tous les occidentaux se sont prononcés sur le sort du supposé révolutionnaire auto proclamé du manding au cas s'il tente de se rendre à New-York.

A la veillé le Général extra s'adresse à la nation, face à la presse nationaux et internationaux

Son premier discourt télévisé, face à les presses nationales et internationales

Depuis Kankanba en présence de tous les corps diplomatiques.

« Honorables ambassadeurs accrédités dans notre empire, Mesdames monsieur les corps diplomatiques, Madame et Monsieur les députés, Madame et Monsieur les ministres, Madame Monsieur les journalistes, Madame et Monsieur, Honorables invités.

L'heure est venue pour que l'Afrique reprend sa place, l'Afrique berceaux de l'humanité l'Afrique premier puissance mondial il y'a milliers d'année,

(Afrique de Ramsès II, Afrique Cléopâtre, Afrique de Soundjata Keita, chaka zoulou, et Abla Pokou,)

Nous allons reprendre l'Afrique ou notre ancêtre avaient laissé, je vous promets que nous avons le moyen, et nous avons la capacité matériels et militaires, dans les jours avenir vous aller vous rendre contes de quoi nous somme capable. N'a eu pas peur, aujourd'hui nous avons de l'armement le plus sophistiqué de la planète, qui peut contraint et écraser toute les forces étrangères d'où qu'elles viennent. Nous avons le service secret le plus renseigné de la planète, il est temps que les l'ours et les hyènes reste en brousse et les hommes en ville, nous ne tôleront plus que les carnivores viennes nous dépouiller sur notre sol. Mères ! Essuyées vos lames, car aucun jeunes ne mourra plus en méditerranée, ce finis.

L'eldorado désormais c'est ici. Nous avons les moyens pour crée les emplois et nous allons le faire, apprêtez-vous les jeunes, car il n'y a plus des places pour des paresseux en Afrique. » Dit GE

« Mon Général Les Etats-Unis et la France s'apprêtent à venir vous enlever vous n'avait pas peur, de la conséquence ? » Demanda journaliste de France 24.

-Peur ! Pas du tout, la chine a mis plus de cinquante(50) ans pour pouvoir égaler les occidents

Quand à mon empire, nous allons surclasser la chine et les occidentaux, en moins de 15 ans.

Les Etats-Unis ne se sont pas encore rendu compte de leur faiblesse, face à une Armée comme la nôtre ! »

« Vous est sûr de vous hein ! » dit France 24.

-Général ! Ex- que ce pas une folie de grandeur qui vous prend la tête ? Malgré les menaces de la premier puissance mondiale vous resté sou muet et aveugle, Vous tenez ca même envoyer l'armée mandingue dans le carnage devant le Etats-Unis d'Amérique ? » Dit une journaliste de CNN,

« Les occidentaux comprendra très bientôt qu'ils ont perdu la place de premier puissance depuis notre arrivé au pouvoir, Mme insolente tu te rendras compte toi même très bientôt. »

« Le secrétaire de la maison blanche à annoncer que vous sera arrêté depuis l'aéroport malgré tout ça vous comptez à vous rendre à New-York demain ? » demanda TV5, »

Mme nous présiderons le sommet de nations-unis demain à New-York. Inch-Allah Dit GE

« En rêve peut-être ? » dit TV5

« Le monde même était un rêve madame, »dit Général E

-D'accord comme nous sommes tous en rêvent nous allons continuer à rêvent prions qu'on ses réveilles demain en bonne santé dans notre famille ! Et si vous parvenez à présider la réunion de nations-unis quel sera votre ordre-jour ? » TV5

_Le seul ordre du jour est la question de paix en Proche-Orient, la guerre en Syrie le D'esches organisations terroristes, paix en Israël et en Palestine.» dit GE

« Quesque vous allez proposer à vos pères à propos de proche-Orient ? » France 24

« La création de deux (2) états israélo-palestinien un état Palestine avec Jérusalem pour capitale est imminent,

Un gouvernement de transition en Syrie, sans Assad sans le rebelles car Assad et les rebelles doives laisser la place à une génération nouvelles.

Nous allons discuter où es comment garder les prisonniers de D'esches dans des différentes prisons du monde. » Dit Général Extra

« L'empereur vous parlez de D'esches comme si 'ils sont déjà dans vos collimateur est-ce Que vous avez l'intention de vous joindre aux coalitions contre d'esches ? » CNN

« Nous anéantirons toute les organisations terroristes par tout où ils que ils soient sur la planète sans exception seulement nous voulons les garder certains en vie pour leur donne une seconde chance de se repentirs. » GE

« Le booko haram est près de nous Quesque vous préparer pour eux ? » RTI

-Nous sommes en train de discuter avec le gouverneur d'états Nigérien pour la sécurisation de pays contre la haute délinquance. Nigeria et la Lybie sont notre priorité, » GE

« Plusieurs groupes se disputent la souveraineté en Lybie quel groupe vous soutenez ? » RTB

« Nous sommes en train de préparer le retour de Seif Islam Kadhafi à la tête du pays, »

- Mon Général vous est sûr que vous trouverez un accord pour tous les projets que vous évoquez avec les occidentaux ? » RTS

« Les chiens de l'occident n'ont plus de place ni en Afrique ni aux Moyen-Orients inch-allah.

Vous savez ? Tout le monde n'est pas fait pour gouverner ni fait pour guider, ce là le bon Dieu même à choisis des familles pour surgir des prophètes. »

« Donc c'est le bon Dieu qui vous a choisis ? Vous-même ne pas un de ceux qui veut gouverner par la force par Hazard ? » TV5

« L'histoire nous dira si je me trompe Madame, » GE

« Merci Général de manding ! » TV5

Je vous emplis merci à toute et tous on se retrouve demain à New-York Inch-Allah. »

Ainsi s'achève le discourt et l'entretien de Général Extra

Le lendemain AIR MANDINGUE s'envole pour New-York, dès que l'avion de Général à franchir espace aériens Américain la direction de l'aviation civile informe le pentagone, l'état-major Américain avertie la

maison blanche, la maison blanche donne consigne de ne pas abattre l'avion de Général mais de ne pas donnez autorisation d'atterrie.

L'aviation civile de l'aéroport de Kennedy par radio

« Ici A report Kennedy Air mandingue Retournez chez vous ! Vous n'est pas bienvenue à New-York

Ici A report Kennedy Air mandingue Retournez chez vous vous n'est pas bienvenue à New-York,

Ici A report Kennedy Air mandingue Retournez chez vous vous n'est pas bienvenue à New-York, »

Le service secret Américains informer se saisir de la situation en mains boucles l'aéroport, a la descend d'avion de GET un cortège de policier accueilles le Général Extra et ses compagnons,

« Vous avez le droit de garder silence tous ce-que vous diront peut se retourner contre vous, » dit service secret Américain, un agent tente de menotter le Général, le gardes corps de Général livre une batail sans merci avec service secret, l'Armés Américain appeler en renfort, les medias envahissent le lieu, les gardes corps manding pratique l'art martiaux comme des ninjas sans armes ils sommées les différents corps habillés Américain Hollywood étaient largement servi, malgré toute les tentatives d'arrestation le Général Extra reçu à atteint le siège de nation-unis ils pénètre dans la salle de réunions et pris place.

Ensuite il monte sur la tribune prendre parole. Avec son énergie extra terres il arriva fait adopter à unanimités plusieurs décret assavoir

La création de deux (2) états israélo-palestiniens avec Jérusalem pour capitale palestinien, proposition de mise en place d'un gouvernement de transition en Syrie sans Assad sans les rebelles,

Qui serra Sécuriser par 300 mille extra-commandos manding, et supervisé par le service renseignement manding en distance.

La réunion prendre fin avec grand cauchemars des présidents occidentaux et Américains

L'armée Américains boucle le sièges de nation-unis , à la sortie de GET ils tentent coûte que coûte à neutraliser GET et ses compagnons une

guerre de matrix se déclencher le GET et ses grades corps marche sur palois des bâtiments comme des matrix, ils driblent les balles et s'envoles dans airs comme des éperviers, cela continue jusqu'à a la report ou l'avions de GET est stationner la encore l'avion était entouré des commandos finalement le GET et ses compagnons était obliger de se servirent des armes magnétiques pour se débraser des armée américains

L'armée Américains mis hors de lieu.

Avant de monté au bord de son avion le nouveau l'homme fort de la planète Général Extra

Livre une conférence de presse à l'aéroport Kennedy de New-York.

Au micro de CNN.

-Mon Général nous croyons à présent que vous ne rêvait pas et que tous ce que vous dit pourrait se réaliser, vous avez reçu à adopté certains nombres de mesures, quand et ce-que tous cela va rentrer en vigueur ? demanda journaliste de C.NN.

« Merci madame ! Je ne pas eu le temps de rencontrer mes concitoyens africains de diaspora ni les opérateurs économiques, donc je profite de votre micro pour m'adresse à eux.

Mes frères et sœurs africains rentrer chez vous, vous n'avaient plus riens a faires dehors car l'Afrique à besoins de vous,

J'invite tous les opérateurs occidentaux asiatique et australien.

Venir en Afrique, tous les chantiers sont ouvert, nous avons besoin de la main d'œuvres.

Pour réponds à votre question ce ne pas une question de temps lorsque nous prenons une décision nous appliquons à même-temps nos hommes décolérons demain à munit 100 mille homme à destination de Israël, 200 mille hommes en Syrie, s'il prêt-adieu tous rentras en ordre dans un mois. » Dit Général Extra.

Un pays puissant comme Israël et un pays vases comme la Syrie vous penser que 300 mille homme pourras fait l'affaire ? » Demanda TV Winston-post.

« Un soldat extra manding est égale à 100 solda ordinaire et ils ont des moyen de déplacement le plus sophistique, jamais conçu au monde des véhicules blindé en voiture volant doter de rafale et de petit missile a la taille de bouteille de 33cl capable de ravager un périmètre de 50 kilomètre en une seul tire. » dit GE.

« Donc vous partaient En guerre ? demanda Weston-poste

« Prions que cela n'arriver pas, réponds GET

-Mon général vous avez invité les diasporas et les opérateurs économiques à venir en Afrique quelles sont les projets qui les attends ? » Demanda correspondant de France 24 à New-York

« Nous n'avons pas besoin de savoir-faire de quelqu'un, seulement la main d'œuvre, nous allons relier toute les capitales économiques de l'Afrique en canal pour cela nous avons besoin des mains d'œuvre Américains, européens, asiatiques, pour creuser des Canales et des tuners, nous avons besoins des barrages partout sur les territoires cultivables pour permettes aux gens de travailler tous les douze mois de l'année.

- **Ce sa votre projet avoir de l'eau dans tout le capitale Africains ce votre soucis ? » demanda correspondante France 24**

« L'eau est la source de vie tout peu reçu quand ton a de l'eau, pour cela nous avons besoin de l'eau partout en Afrique, »

-D'accord, et vous avez encore d'autres projets ? » Demanda France 2. »

« Venez me trouvez a Kankanba vous serait mieux informer. » dit GE

« Je viendrez ! » France 2

« Icha Allah, » dit GE

-Inch Allah ! » France 2

Le général extra s'envole pour le manding ou il fut réservé un accueil triomphale, le l'lendemain comme prévu les 300 mille extra-commandos débarques pour Proche-Orient, Israël jure de massacrée 100 milles hommes si jamais ils mentent les pieds sur le sol Israélien.

Les 100 mille extra commandos atterrie en ci-Jordanie et envoient un message fort à Israël en bombardent le centrale nucléaires de Tel avive en signe de avertissement. Pendant ce temps le 2e groupe en Syrie neutralise la totalité de gouvernement Assad ainsi que les rebelles, tous mis aux arrêts, ils seront jugés au tribunal de Damas, par des juges indépendants.

Pendant ce temps la Syrie est dirigé par un gouvernement de transition avec la société civil

30 jours après le véridique tomba Assad et sont gouvernements tous reconnu coupables pour crimes de guerre crime contre humanité ainsi que tous les responsable de la rebellons, 30 ans de travaux forcer 18 heures sur 24 heures de travail avec une amande de 10 millions de petro-Dollart, pour reconstruits tous ce qu'ils sont détruits sans un centime comme salaire ils seront nourri comme de prisonnier loger comme des prisonniers, dans des casernes militaires,

Pendant ce temps vu de la gravité Telavi cherche à négocier avec mandingue, Kankanba mis en garde Telavi et Ramallah, que aucun activité terroristes ne serra trôler dans les deux coté il leur exhorte à se mettre au travail pour la construction de murs de séparation entre les deux états.

Pendant ce temps à Kankanba le général Extra, accorde interview aux plusieurs journalistes internationaux

Ici nous somme à Kankanba l'empereur de manding nous a accordez interview,

-Bonjour Général? » Dit journaliste France 24

« Bonjour madame, » répond GE

-Merci d'avoir nous recevoir chez vous Général, »

« Vous est chez vous madame ! »

-Bonjour Général ! » France 2

« Bonjour mon amie David, » répond GET

« Mon Général vous était récemment à New-York ou vous avez présidé sommet de nation-unis vous avez imposé à vos pères votre vision sur Proche-Orient et vous avez immédiatement passé automatiquement aux actes où on n'est Aujourd'hui au Proche-Orient et en Syrie ? » Demanda France 24

« Par la grâce de Dieu, les résultats sont positive, les israéliens et palestiniens sont entre de travaille main dans la main pour construit leur frontières, ça c'est une première.

Les Syriens aussi sont au travail 24h/24 j'espère que dans trois ans on va pouvoir organiser une élection libre et transparent sans Assad sans les rebelles avec un Syrie nouveau et des Syriens nouvelles, » GE

« Mon Général à votre retour de New-York à l'aéroport Kennedy vous avez invitez les diasporas africains et les opérateurs économiques de monde entier à venir chez vous, mais avant ça vous avez dit dans conférence de presse que l'Edouardo c'est ici, quelles projet clochards vous avez pour inviter les monde entier chez vous ? »Demanda France 24

« Nous a avons beaucoup des projets la priorité ce de l'eau, à partie de l'eau on peut tout reçu, voilà pourquoi notre priorité ce de relier toute les capitale Africains en eaux. » Dit GET

Vous avez déjà dit ça à mon confrère de France 2, et il vous avait demandé si se seulement ça votre projet vous avez répondu venez à mandingue, nous sommes aujourd'hui à mandingue pourrait nous dis, quelles projet vous avez à part l'eau pour l'Afrique ? » France 24

Relier toute l'Afrique en eau avec construction des nouveaux ports est d'abord un projet clochards ensuite nous comptons reboiser toute les partie savanes de l'Afrique, pour ça il faut de l'eau, Nous avons un projet de 3000 kilomètres en champs de sorgho, 3000 kilomètres en maïs, 3000 kilomètres en Riz pour ça encore il faut de l'eau, au nord nous avons une vase territoire en désert nos scientifiques sont au laboratoire pour

Développer un parasol de nuage qui va faire tomber la pluie 2 fois par semaine des 1er janviers au 31 décembres sur tout l'étendu du désert, le désert même en quittions sera partitionnée. 20% serra couvert en forêt vierges, 30% en terre cultivable,

20% serra émerger en eau, 30% pour les astronautes qui sont déjà au travail, (Djinaboukou) centre spatial Mandingue est déjà ouvert.» Dit GET

Pendant ce temps le service secret manding déjouer un attentat en Turquie,

La télévision extra-manding annonça qu'une ceinture d'explosif venez d'être désactivée en distance par le service secret manding.

« Bonjour merci de regarder télévision extra manding, une nouvelle viens de nous parvenir depuis Kouroukanfouka par (S.E.M) service extra manding.

Un kamikaze à essayer de s'exploser dans l'assemblée nationale. Truque à Ankara, pendant que le députes sont en sciences de travail.

Le kamikaze se faire passer pour son frère jumeaux qui est le garde-corps d'un député il reçut à pénétrer dans la salle de députes et cria

Alla hou Akbar en déclenchent sa ceinture, a l'ors les .S.E.M avaient déjà désactivée la bombe depuis Kouroukanfouka, l'explosif se dissous sur le kamikaze, brûler à 90c° fut transporté à l'hôpital l'inquiètes se poursuite. Merci l'information continue sur la Télévision Extra Mandingue.

L'interview qui était arrêté un instant reprendre.

« Mon général vous venez de nous démontrer encore une fois votre supériorité sur la planète cela nous faire croie que votre projet à de l'avenier, votre territoire se limitera où ? » Demanda BBC

Nous allons fédérer l'Afrique mais nous ne forcerons personnes à adhérer notre fédération. »

« Donc vous aller faire les Etats-Unis d'Afrique ? » BBC

« S'il prête-adieu. » réponds GET

Progressivement le GET tends ses pouvoir sur toute l'Afrique noire il transforme le commissions des Etats de l'Afrique de l'ouest CEDEAO en commissions de gestions de l'Agricultures et des eaux en Afrique. CAGAE.

Tous les moyen sont mis à la sa dispositions de commission des gestions des agricultures et des eaux.

Pour gérés les agricultures et les eaux creuser et entretenue des Canales et des barrages.

Et il transforme Unions Africains (UA) en Unions de la bonne gouvernance en Afrique (UBGA) autonome puissant et indépendantes capable de demi tous les fonctionnaires de sa fonction quel que soit son rangs dans les Etats de l'Afrique.

Les 52 Etas de l'Afrique réunis pour le même bute États-Unis D'Afriques, Nigeria, Afrique du-sud, Zimbabwe, Botswana, Rouanda, Uganda, Kenya, Tanzanie soudan du-sud, Ethiopie, Élytre, somalie, Cameron,, Gabon, Angola, guinée équatorial, guinée biseaux, guinée Conakry, Sénégal, Gambie, Liberia, Ghana, Bennée Togo, Burkina Faso, Mali,

Côte d'ivoire, Siéra Léone Gambie, Mauritanie.

En Afrique y avait la dignité et le respect, tous les tribus se connaissait chaque tribus avait sa propre culture, les nobles était des nobles les

Forgerons était des forgeront les griots était des griots, les Worosso était des Worosso, les Finès était des Finès, aujourd'hui on n'est c'est plus qui est qui ! Ce pourquoi,

Nous allons établie une carte d'identité unique avec différant critères, notre empire est laïc chacun est libre de choisir la religion qu'il souhaite, mais il ne aura pas de religieux de circonstance tu es chrétien ou tu n'es pas, ta religions sera définie sur ta carte d'identité, et tu seras jugé seront la loi de ta religions par exemple pour être musulman tu dois prêter les six sermons, de l'islam.

NB.

1 tu jures que tu n'associeras riens à Allah

2 tu jures que tu ne voleras pas.

3 tu jures que tu ne commettras pas adultère

4 tu jures que tu ne tueras pas

5 tu jures que tu ne blasphèmeras pas

6 tu jures que tu ferras ce que ton prophète ta recommander.

Messages Ecrite sur le verso de la carte d'entité

Ceci est pour les musulmans, les chrétiens et l'autre religion doive aussi nous fournis leur sermon pour mettre dans leur carte d'identité parce que chacun serra juger seront sa religions, au tribunal de l'empire mandingue, nous ne nous attaqueront pas à aucun un pays, la limite où nos ancêtres ont laissé nous suffira. » Dit GE

La limite de territoire de vos ancêtres est où ? » Demanda BBC

« Toute l'Afrique du l'ouest est territoire de nos ancêtres, » GE

Mon Général-vous compter sur quel fonds pour réaliser tous ces projets, » Demanda BBC

« Ce ne pas les fonds qui manque pour réaliser de projets dans les monde, l'Afrique reste seule un continent vierge.

Les tonne de Dollart et de euros qui largues en Syrie, Irak, Afghanistan, sont des sommes clochard, les conflit sont terminer, car par la grâce de Dieu nous contrôlons la situation en Asie et en Afrique, et nous veillons sur les démons qui crée les conflits dans le monde pour leur intérêt personnelles, ils seront obligés à venir investir en Afrique, les milliards de dollar et d'euros pour espace seront investir en Afrique parce que, nous détenons l'info qu'ils cherches dans l'espaces.

Eux veulent partir là-bas, alors nous venons de là-bas !

Donc nous détenons l'info qu'ils veulent aller chercher dans l'espace,

Investir en Afrique est le meilleurs investissement aujourd'hui garantir sécuriser, toute les projets que je vous à Sitter ne suffiront même pas aux opérateurs économiques, ils sont étreints de racer les contrats comme baguettes du pain, » GET

L'interview prendre fin les jours et mois ce succéder le Général Extra et son gouvernement au travail toute ses projets sont mises en routes il crée la monnaie mandingue qui se nomme (Warri) 2 fois plus lourd que le euro,

Il augmente les heures de travail à 24h/24 le fonctionnels sont multiplier, et partager en trois équipes, pour faire rotation de la fonction publique.

Les banques et toute les entreprise publique reste ouvert 24 h/24, les enseignants et le fonctionnels du mandingue deviens les mieux payer de la planète, l'armée mandingue deviens armée le plus équipé et plus entretenu du monde.

Toutes les richesses des sols sont extraites et traiter en Afrique par l'Afrique, l'ors fer cuivre manganèses, et tous les autres produits des sous-sols.

Abidjan deviens capital économique du Mandingue la ville le plus construit du monde et est plus convoiter que Doubaï, Abidjan tout entier construit en gratte-ciels des bâtiments autonomes en eau et électricité des bâtiments construit avec des caoutchoucs et plastiques les plier sont fait avec de caoutchoucs moulé de diamètres de 2000 dm les palois sont faire avec panneaux de plaque soleil , un forage au sous-sol de chaque bâtiments ce qui donne l'autonomie des bredins en eau et électricité 5 fois plus haut et plus large que Word Trade center.

Avec sa souplesse les bâtiments peut s'incliner 90c° et se relevé en cas de tempête majeurs.

Abidjan Bamako Ouagadougou Niamey Accra et Dakar N'Djamena Conakry Friton Lomé Cotonou et Monrovia, deviens des villes plus moderne que New-York.

Les routes sont construit aux sols et en hauteur des voitures volant partout dans les villes, les frontières tracer par les colons fut effacer par une carte d'identité unique un monnaie unique l'Empire mandingue deviens destination des hommes.

Les tendances est renverser, les chinois les Américains et les européens sont de candidat à l'immigration en Afrique par ce que l'Afrique est devenir seule contenant protégez de la planète car l'empire mandingue avec ses radars et ses satellites plus puissants, aucun armée au monde n'est peut se miserez a l'armée mandingue, l'Afrique deviens le seule endroit au monde

Où les occidentaux peut trouver refuges, car aucun attentat aucune activité terroristes n'est possible sur les sols Africains. Tandis que la maison blanche et le champ Elysée ne sont pas épargnés des attaques terroristes.

Iran deviens ailler de l'empire mandingue, Kankanba renforce les capacités militaire et économiques d'Iran, Iran deviens la première puissance arabes dans la sous régions.

Les astronautes mandingue construit une nouvelles station spatial dans la galaxie ils multiplient les déplacements sur les planètes.

10 année sont écoulé Afrique berceaux de l'humanité retrouva sa situation initiale, l'auto suffisances alimentaire, la forêt, les verdures l'eau en abondances sécurité paix amour et la joie de vivres.

Afrique se nourrie et nourrie les autres contenant en sorghos, haricot lentilles maïs miles pomme de terre oignons igname patates douche bananes graine de palmes mangue raisins beurre de karité, Riz et pleins d'autre fruits et légumes, l'élevage, avicultures, aquacultures, à l'échelle industrielles.

Mandingue premier producteur de viandes de bœuf, volailles moutons canard Autriches, anacarde, noix d'acajou café cacao manganèse, fer cuivre l'ors diamants.

Pendant ce temps les ingénieurs de (Djinaboukou,) centre spatial mandingue, sont en construction des 10 (Djinapankrou) engin spatial capable de transporter 500.000. Personnes chacune sur la planète Maris. En 72 heures. Les 10 engins spatiaux fabriquent par les ingénieurs de centre spatial mandingue qui va transporter les sportif et les supporteurs sur la planète Maris sont prêt, la télévision Extra mandingue annonça la nouvelle,

Les astronautes et les scientifiques mandingue lance un projet de méga construction des cinq grande stades de footballs sur la planète mars, pour habiliter, coupe du monde de 2060, avec centaines des hôtels de 5 Etoiles, et des centre commerciales à l'entour.

Avec plusieurs cités de bourgeoise des villas en duplexes, sont également construits pour mise en ventes, plusieurs quartiers fut construits.

500.000 ingénieurs de bâtiment recrutés de toutes les nationalités et 5000.000. Ouvriers sont transportés sur la planète Mars pour l'exécution des travaux.

La construction sur la planète Maris fut achevée en 10 années

Ahou ni sou en bademan tchè a ni mousso ahoube ka Extra manding ka jabrani le filè.) Bonjour Monsieur dames vous regarde la télévision Extra manding

Les titres

1 les travaux sur planète Maris sont terminés après 10 ans d'efforts et les 10 (Djinapankrou qui va transporter tous ceux qui veulent se rendre sur la planète Maris.

2 Générale Extra à accorder audiences au plusieurs ambassadeurs accréditer dans notre empire.

3 le premier ministre Fakoly Koumba est en visite en Iran.

Les travaux sur la planète maris est achevée ainsi que engins spatiaux qui va transporter les athlètes sur la planète Maris, écoutons le ministre de transport ! Micro de Hawa Coulibaly et Mossogueï Keita.

« Nous remercions Allah le tout puissant qui a permis un grand pas de l'humanité dans espaces ! Seulement En 10 ans la construction de cinq grand stades est achevée sur la planète Maris, en capacité de 100.000 personnes chacun,

90 hôtels de luxes de 5 étoiles achevées ! Trois grands centres commerciaux terminés, ainsi que plusieurs cités habitables, Les Djinapankrou qui va transporter les personnes qui vont se rendre sur la planète Maris pour assister la coupe du monde est aussi prêt, » dit le ministre de transport

L'empereur Général Extra se rendra sur la planète Maris au 25 du mois de Ramadan pour visiter les travaux effectué par les ingénieurs de mandingue, il part avec les familles de 500.000 ingénieurs pour célébrer la nuit de destin. Sur la planète Maris en guises de remerciement aux travailleurs de la planète Mars je vous remercie. »

« Vous venez d'écouter le ministre de transport Sidiki Kabba

« Reportage signe Hawa Coulibaly et Mossogueï Keïta,

« Le Général Extra à accorder audience à plusieurs ambassadeurs donc celui de Rabi-saoudite

Reportage de Siaka Sako et Coumba Gawoula.

« L'empereur Général Extra à accorder un entretien à l'ambassadeur royaume d'Rabi Saoudite les deux hommes ont abordé l'organisation et sécurisations de hadji, Kankanba à promise qu'il aidera Riyad pour l'organisation et sécurisations des pèlerins.

Le total des pèlerins Manden-kah se lèves à 500.000 personnes cette année. »

« L'empereur à accorder une audience à l'ambassadeur Russe l'entretien se solder par la signature de un contrat d'achat d'un vaisseau spatial. »

« L'empereur Général Extra à accorder une audience l'ambassadeur de la chine pour une coopération bilatérale la chine à signer un contrat pour réalisation de 1500 kilomètres en champs de Riz de bonne qualité, entre Bamako et Dakar. »

« Le premier ministre Fakoly Koumba en visite en Iran à rencontrer le président de la République Islamique D'Iran, les deux hommes ont parlé de la coopération bilatérale entre République Islamique D'Iran et l'Empire Mandingue. Premier ministre Fakoly à rencontrer également son homologue Iranien les deux hommes ont parlé des libres circulations des ressortissants Iraniens dans l'Empire Mandingue et les Manden-kah en Iran. »

Ici s'achève notre journal, merci d'avoir regardez TVEM restez branchez sur la chaine d'information le plus rapide plus réel, plus fiable, jamais conçu dans le monde. »

Le 20 de mois de Ramadan Djinapankrou de Général Extra s'envoler pour la planète Maris, avec la délégation présidentiels, ministre de construction, ministre de transport, faisaient partie de la délégation plus les familles des

500.000 ingénieurs, abord de vaisseau spatial.

La nuit du destin de cette année fut évènement le plus marquant du siècle toute les images ont était transmise en direct depuis planète Maris, par la technologie de Djinaboukou plus de 1200 chaines de télévision et radios diffusées en direct.

Par ce que tous les pays veulent voir les ingénieurs et leur famille ressortissant de leur pays. La chine faire ce jour férié sommet payer par ce que le directeur technique des ingénieurs envoyer sur la planète Maris était un chinois ! Les Russe fait de même plus de 300 ingénieurs étai des Russe. La France avait 500 ingénieurs, le directeur général était un Français y'avait 400 Américains 500 Iraniens 200 libanais 300 truque 300 japonais les ressortissant de tous les pays était sur la planète Maris donc tous les contenant était représenter, ce pourquoi la plus part des pays ont faire ce jour férié sommet payer.

Apres une semaine de fête sur plane Maris, Général Extra redescend sur terre.

Avec les 500.000 familles des ingénieurs plusieurs délégations présidentiels font le déplacement à Kidal pour accueilles le Général Extra et les ressortissants de leur pays. Plusieurs pays signent contrat de partenariat avec Kankanba pour sécurité, tous ceux qu'ont signent accord avec Manding sont protéger contre terrorismes.

Pendant ce temps le service secret Manding multiplie les efforts pour protégez les pays qui ont signé le contrat de sécurisations avec Kankanba une société de construction de gros engins se mis en place pour fabriquée des avions de transport et des avions cargos. D'autre entrepris fabriquent des bateaux et d'autre fabrique des gros machines Afrique premier puissance mondiale avec un système de extraterrestre.

L'Afrique deviens unis et un seule peuple pas de démocratie pas de multipartisme mais vivent heureux l'Afrique barricadé à son tour ses frontières avec d'autres continent avec un système plus sophistiqué.

Pas question de franchir clandestinement les frontière de l'Afrique, donc les blancs les chinois et les arabes. Sont candidats aux immigrations vers Afrique

Certaine tente coûte que à rentrer en Afrique.

Le service de visa délivres plus de 5.000 visa chaque jours aux trois continents.

Amérique Asie Europe pour fouler les soles africaines.

L'école est pris plus que série en Afrique un élève pouvait se voir aller en garde à vie accuse des absences sans motif valables

Pour qu'un étudiant trouve un stage il faut que l'étudiant présenter une de son invention ou innovation à la société d'accueil.

Pour qu'un ingénieur soit intégré dans une entreprise il faut pouvoir faire un système complet de fonctionnements de cette entreprise ou société d'accueil, un organigramme un plan de production plan de marketing un plan de ressources humains, un organigramme proprement rédiger par lui-même.

Pour prouver à la société qu'en cas de faillite de leur système le nouveau système peut relever la société, ce document doive accompagner le CV de nouveau l'ingénieur.

L'abuse de l'alcool peut couter 3 ans de prison ferme la consommation de la drogue peut vous couter 20 ans de prison,

La vente de la drogue peut vous couter la Paine capitale, les grossesses aux milieux scolaires hors mariage peuvent couter 3 ans de prison ferme par les deux (2) conjoints. L'avortement est exclusivement interdit peut aller de 20 ans de prisons ou au Paine capitale seront les circonstances. Omo-sexualité est exclusivement interdit voir Paine capitale si ils sont jugés reconnu coupables.

Le mariage est autoriser à partie de 15 ans et encourager par la communauté par des dons qui peut parfois assurer les fins des études des deux conjoints, les nouveaux maries peuvent se voir attribuer de l'argent et des biens matériels de toute nature comme motos, des voiture, même de maison, seront le milieu sociale, une femme marie peut être enceinte mais elle est autoriser d'aller à l'école jusqu'au 7 mois de sa grossesse.

La justice manding est totalement indépendante même la haute autorité suprême ne pas épargné de la justice indépendante manding.

Les cultivateurs et les planteurs sont considérez comme des héros de l'empire ils sont généralement les plus riches parmi la population locale.

Le métier de l'agriculture devienne le plus haut métier du continent africain convoité par tous les nouveaux étudiants,

Voir mentionner sur votre carte d'identité maître agriculteur ce comme si vous est un magistrat à la haute cour suprême.

L'agriculture devienne le secteur le mieux organiser.

Pour se voir appelé maître-agriculteur il faut avoir faire des études d'ingénieur, le secteur est suivi et soutenu par la haute autorité de l'empire, un maître-agriculture peut se voir attribuer 10.klomttres en terre agricoles, et peux employer plus de cinq (1) milles ouvriers.

Les salons de l'agriculture devienne des évènements le plus marquant le plus respecter et mieux organiser de l'empire.

Les employés du secteur de l'agriculture sont aussi mieux payés et respecter, voir quelqu'un en costume ne représente à aucune influence, parce que on sait que les employés des commerce des banques et des fonctions publiques sont obligés de s'habiller en costume, donc ils sont considérez par les autres populations comme des personnes pas libres des leurs mouvements.

Tout allait bien dans l'empire manding de l'Afrique, beaucoup des pays signé les contrats de sécurité avec l'empire.

Iran commença à développer son programme nucléaire il procéda un essaye de tir missile balistique la réaction de Israël ne se pas faire attendre Telavi bombarda des installations iranienne. Kankanba réplique immédiatement. En bombardant la base de deux avions de chasseurs Israéliens, qui ont passé à l'acte.

Les Etats-Unis qui chercher coûte que coûte à rentre en guerre avec l'Afrique bombarde le palais de gouvernorat en Tanzanie, pour tester la force noire après une 10en d'années des recherches contre l'empire.

,

L'armé noir riposte il détruits, trois base ariens américains, Israël déploies toute ses forces pour tenter d'anéanties Iran, mais l'armé noir de l'empire et les forces Iranien bloques tous les tirs et engins venant de Telavi, pendant ce temps les Américains encercla l'Afrique, et développer des armements jamais utiliser en guerre dans l'histoire de l'Amérique, pour en finir avec les extra-terrestres envahisseurs de l'Afrique noir.

L'armé noir tiens les deux (2) fronts, manding mise en déroutes toute la stratégie Américains

L'union européenne le russe la chine le japon l'Inde et la ligues Arabes tous refuse de participer à cette guerre.

Une guerre des machines déclencha entre les Américains et l'armé noir.

Les armes de guerre jamais vu sur terre était présent la guerre dure 3 mois les pertes de vies en humains sont beaucoup limiter car c'était totalement une guerre des machines.

Les Etats Unis d'Amériques et l'empire manding pratique tous les démonstrations possibles et in possibles,

Le dernière cartouche de Etas Unis, ils essayer de déclencher l'arme chimique, le service secret manding brouille toute les systèmes Américains depuis (Krounkafounka) le siège de service de renseignement manding.

Aucune commande ne marchait dans tous Amériques.

Kankanba désarmes Israël et l'ancien grand puissance mondiale.

Les Etats Unis d'Amérique est à nouveau à genoux devant la nouvelle puissance mondiale l'empire Manding d'Afrique.

Israël est complètement des armées, Kankanba mis en garde la ligue arabe de tous comportements de vengeance contre Israël.

L'empereur de manding général extra livre une conférence de presse devant les médias nationaux et internationaux.

Et répond toute les questions des journalistes, 2 mercenaire infiltrent les journalistes, le mercenaire ponta son camera sur le général Extra mais il voulait accorder un denier discourt au l'empereur de manding donc il attendait tout de même à la fin de son discourt.

Le général extra comme lui-même aimait se faire appeler GET, commence ses conférences il dit Madame monsieur les ambassadeurs, madame monsieur les députes, madame monsieur les ministres, madame & monsieur les chefs des institutions, madame monsieur les journalistes, honorables invités,

Je vous remercie d'avoir répondis à mon appelle, aujourd'hui nous venons de tourner une phase de l'humanité, une phase négative, la phase de démon, à partir de demain notre monde connaitra la Paix, la paix définitif, partout dans le monde.

Nous voulons le monde de Nelson Mandela, pas les monde de Eclair, nous voulons le monde de Felix nana Houphouët Boigny pas le monde de Serbes,

Nous voulons le mode de chérif Ousmane Madani Haïdara, mais pas le monde organisations terroristes.

An fins le monde va commencer à vivre en paix, chacun libre de ses mouvements.

Nous acceptons ce que la nature à accepterons pour nous faire de ce que nous somme.

Nous refuserons ce que la nature à refuser pour pouvoir nous protégez contre les catastrophes naturels.

Quand Dieu à crée Adam lorsque Adam se sentie seule Dieu n'a pas créé un autre Adam pour tenir compagne a Adam il a créé Hève quand ils sont descendre sur terre, il leur autorisa à se procrée.

Adam fus crée sans père ni mère, il créa Hève partir d'un père sans mère il créa Jésus d'une mère sans père ce les trois créations que dieu à faire pour montrer à ses créatures de quoi il est capable.

Adam et Hève se procréa ils faisant un garçon une fille, dans tous les enfants de Adam et Hève il n'a jamais eu deux (2) garçons à la fois ni deux (2) fille à la fois pour nous dire que l'homme et la femme son faite l'un pour l'autre.

Le Satan qui a était maudis à cause de Adam fus descendre sur terre avec la permission pour un but précis qui et se venger d'Adam.

Nous pouvons vivre longtemps si nous arrêtons les comportements des démons on peut vivres ensembles Noirs blancs, jaunes rouges

Sur une même planète sans violences sans haines sans méchancetés.

Arrêter la méchanceté avec nous même avec les autres,

Même avec les animaux.

Nous pouvons vivre sans faire souffrit les animaux pour simplement notre nourriture, quand on égorge un animale j'ai l'impression qu'ils nous maudissent en disant que Dieu nous faire goûter de ce que on les faire goûter.

Et pourtant chers amis nous pouvons manger la viande sans tuer un animale si,

Si nos ingénieurs avaient arrêtent de gaspillés leur cerveaux dans invention des armes des destructions massif, ils pouvaient utiliser leurs cerveaux pour chercher la viande dans la végétation,

On peut manger toutes les qualités de viande qu'on veut à partie de simple haricot.

La viande de bœufs de volaille etc.... au lieu d'être carne vol on devient tous des herbivores, les animaux vivraient en paix accoté de nous et ils nous ferrèrent forcement des bénédictions et nous vivrons forcement pendant longtemps.

Si nous arrivons à ce stades de vies certaines d'entre nous se verra vivres 600 ans 1000.ans 3.000 ans sur la terre et rester toujours jeune dans leur peau. Vagues à leurs occupations quotidiennes sans aucun obstacle dans ses facultés physiques.

« Mon général mon général, à présent vous aviez vaincu les Etats Unis d'Amérique, Quesque vous aller faire maintenant ? Es ce que vous allez imposer votre mode de vie sur la planète ? »

demanda France 24

« Mon mode de vie, non pas du tout je ne pas à imposer quoi que ce soit à qui que ce soit, je ne suis pas un dictateur ni un pervers, mon souhait et que le monde vivres en paix, ce tous mon veux. »

« Donc vous n'entreprendra aucune action contre les Etas Unis ou leur imposer quoi que ce soit ? »

« Non madame je veux que les Américains arrête de se prendre pour les chiens de chasse et le restes du monde pour des gibiers, qu'ils laissent le monde vivres en paix. » dit général Extra

« Mon général on voir que dèstche est devenir histoire du passer mais quelques groupe d'organisation terroriste sont toujours présent dans certaines pays pourtant vous avait dit que vous anéantirez tout organisation terroristes dans toute se formes. Le Heze-bola sont toujours là et vous ne dit rien à leur sujet, »France 2

« Nous ne sont pas des agresseurs qui s'attaques aux gens sans défenses, nous intervenons quand une population est menacer nous ne tombons pas sur les gens parce que ils sont regrouper ou organiser ou parce que leur tête ne nous plais pas notre objectif et que le monde vivres en paix, que les plus fort n'abuses pas des plus faibles. » dit Général E

« Mon général vous avez renversé le pouvoir en Birmanie au profile des rangah une ethnie minoritaire musulmans, ce ne pas ingérence dans affaires des autres ? » télévision al a jazzera

« Ce ça la différence entre nous et les Etats Unis, quand les américains n'ont pas d'intérêts dans une innervation ils ne le font pas, parce que tous

leur intervention est purement commercial, quand ils dépensent 10 dollar pour une intervention ils récoltent 100 dollar en retour, pour nous ce ne pas le cas, ce pourquoi ils ne pouvaient pas intervenir en Birmanie parce que ils n'ont rien n'à gagner là-bas. »dit Général E

« Au Liban en Egypte les chrétiens cop son parfois persécuter que es que vous faire pour eux, » demanda télévision Italien

« La dernière persécution contre les chrétiens en Egypte ou au Liban c'était quand madame ? » demanda le Général

« Je ne sais pas je me souviens pas de la date mon Général, » TV Italie

« Ah il faut le savoir madame ça se du passée il y'avait qu'un seule démon dans le monde et ce démon est tué et ce finis, en Egypte ce le Egyptiens et l'Égyptiennes qui vivent en Egypte en tant que frères et sœur, mais pas en tant que chrétiens musulmans. Parce que la religion aptiens à Dieu, l'Egypte appartient aux Égyptiens.

Au Liban ce pareil, aucun problème entre chrétiens et musulmans.

Ce le même démon qui mettent les divisions entre les gens et porte les religions comme masque pour tromper.

En réalité personne n'est se jamais battus pour la cause de la vraie religion à part les prophètes et leur disciples.

Pendant ce temps les élections présidentielle sont organisé en Turek Kankanba envoi des observateurs pour surveiller les bureaux des votes Kouroukanfouka synchroniser la liste électorale Turquie pour pouvoir veiller sur leur votes en sorte que qu'il ne peut pas avoir de trucages, dans les urines,

Kankanba s'imposer sur les pays arabes en matière de votes pour que toute les vote soit transparents.

L'empire manding mis en garde tous les pays qui organises des élections, contre les fraudes parce que dès que une lise de électorale est près Kouroukanfouka synchronises les listes électorales en distance pour veiller

sur les élections. Kouroukanfouka supervises tous les bureaux des votes à travers les membres des bureaux quel que soit l'endroit sur la terre, grâce a un champ magnétique qui contrôle les cerveaux des membres des bureaux des votes,

Les présidents des commissions électoraux sont surveillés de la même sorte donc aucun faraudes ne pouvait se faire.

Les résultats une fois proclamer Kankanba se rallies rapidement derrière le nouveau président élu.

Kouroukanfouka désactives la bombe d'un kamikaze en distance en Yémen, en coopérant avec un policier sur place, le téléphone de policier sonna,

« Bonjour sergent écoute moi attentivement ce les services d'renseignements Manding depuis Kouroukanfouka, vous est à 20 mètres d'un kamikaze mais nous avons déjà désactivé sa bombe il te reste à lui neutraliser il se faire masquée dans un brocard noir, donc tenir vous prêt et n'agir pas sans précision demande moi avant d'agir, »

« Compris ! » réponds le policier

« Il est à 15, 10, 5, attaque ! » le policier braque son revolver sur le kamikaze et celui-ci déclenche sa ceinture en vin il tente de s'en fuir le policier casse ses jambes et le neutraliser.

Les cas commença se passe tous les jours dans les différents pays du monde arabes.

Pendant ce temps le GET continua son conférence avec des journalistes

« Aucune guerre de de nos jour n'est pour défendre proprement une religion, tout est purement tribales raisons les plus fortes, la haine, la peur de domination conquête au pouvoir.

La croix et les barbes son des masques de démon pour séduire le monde à leur cause.

Et il n'y a pas deux (2) familles de démons y'a qu'une seule famille de démon fabriquée par les occidents contre les occidentaux, ils sont chrétiens ils sont musulmans ils sont religieux dans les formes. Pourtant ils ne respectent aucunes religions sur la planète, ni la loi de la bible ni la loi du coran, ils ont leur propre loi et leur propre charia.

Quand il fait jours ils sont blanc comme la neige quand il fait nuit ils sont plus noir que les ténèbres. » GET

« Mon Général maintenant que vous avait mis terme a tout ça quelle son vos projet. » CNN

« Notre projet est se concentre sur la végétation pour tirer tout ce donc on a besoins comme nourriture que ce soit la viande ou n'importe quoi pour éviter les versements des sangs sur terre que ce soit sang de l'homme ou sang de animaux. »

« D'accord mon général en vous entends parler on a l'impression qu'il aura plus jamais de guerre sur la terre pourtant seront les renseignements, (DINABOUGOU) centre spatiale manding sont à pied d'œuvre pour développer les armes de guerre le plus sophistiqué jamais conçu sur terre.

Vous vous préparer contre les représailles Américains ou se une manière de vous garantie en armement. »

Nous allons très bientôt pour parler avec les européens pour signé une coopérative militaire en attendant que les Américains se remet, parce que nous avons intérêts à se mettre en sembles car nous ne sommes pas seule créatures dans l'espaces, il y a des forces plus puissants plus intelligents que nous.

Et qui nous cherches depuis des millions d'années qui n'a pas encore faire notre découverte mais ils savent que nous sommes là, ceux qui rodent au tour de nous ne sont pas forcements nos ennemie. Nous avons des ennemies communs, quand ils nous trouverons ils n'épargneront ni les humains ni les Extra, s'ils sont venue nous trouver !»

« S'ils sont venue nous trouvés veut dire quoi ? Mon général, sa t'a dire que nous ne sommes pas seulement les ploies des se forces qui nous cherches ? » Télévision France 2

« Nous attirons la colère de la nature que nous prétends êtres ses fruits, chaque jour avec nos comportement satanique, le jour ou la colère de la nature atteindra son front se pas sûr que d'autre forces viendra nous trouver la nature étend créature elle-même, se fâches plus que 120 fois par jour avec les humains et elle demanda à son créateur de lui donner autorisation pour nous anéanties à chaque fois qu'elle est mécontente de nous. » GET

Mon général ! Quel sont les comportements que nous faisons qui à tires la colère de la nature contre nous, et quel sont les armes avec quelle la nature peut-elle nous anéanties ? »

Le soleil la lune, les étoiles les orbites sont des éléments de la nature, les mers le vent et les pandémies sont les éléments de la nature, tous ce Sitter peuvent nous anéanties en un Clain d'œil. »

« Et quel sont les comportements qui attires la colère de la nature contre nous ? »

« Vous savez quand dieu créa Adam lorsque Adam se sentie seule dieu pouvait crée un autre Adam pour tenir premier Adam aux compagnies, il savait très bien le faire, un Adam aurait était plus fort que Hève, dieu créa Hève ! Et quand Adam et Hève sont chassés du paradis pour leurs péchés, Satan étant maudit est venue ca même sur terre avec une permission pour une mission bien précise, qui est trainés Adam et ses descendants

En l'en fer.

Adam et Hève n'jamais enfanté deux garçons à la fois, ni deux filles à la fois ce tait toujours une fille et un garçon.

Donc l'homosexualité et l'espiègle sont les armes de destructions massives jamais conçu dans l'humanité, fabriquée par le Satan contre les humains, qui a anéantis d'autres peuples qui nous sont précédés en une fraction de seconde et ce fort probable qu'ils nous anéantiront. »

« Mon général si je vous comprends nous n'avons pas encore commencé les véritable guerre ? » France 2 »

La conquête des nouvelles planètes est obligatoire pour notre survie quand la destruction de la terre est inévitable. »

« Quand tout ça la vas arriver mon général ? »

« Aucune idée seule le créateur est le détenteur de cette science, je sais seulement qu'ils sont à 20% de notre système planétaires. » Dit GET

« 20% de quelle calcule mon général, 1% équivaut à quelle distance ? Général. » France 2

« 1% équivaut à 1000 ans de lumière. »

« Donc dans 20.000 ans ils seront là mon général ? » France 2

« Ce là est dans la science de créateur madame. » GET

« Merci mon général. » France 2

Le soldat rêveur fut réveillé de son sommeil vers 17 heure par des tirs nourrir derrière son palais de conseil d'entente pendant qu'il faisait siège il se réveilla brusquement avec un revolver accrochée sur sa ceinture il prend son béret rouge l'apporta sur sa tête et se dirigeait vers la sortir en disant à ses camarade rester en dehors de ça se moi qu'ils cherchent, au temps de comprendre si s'agissait d'une arrestation ou un assassinat, une roquette lui prendre par sa poitrine, le lendemain matin au réveille on retrouva le camarade capitaine Thomas Sankara le corps éparpillés amène le sol dans une ville d'Afrique appelé Ouagadougou.

Supposons que ceci était le rêve de camarade capitaine Thomas Sankara mort y'a plus de 20 ans.

Sankara le rebelle, Sankara le reperd, Sankara l'exemple à suivre, Sankara qui faire la fierté des certaine bon nombre des africains.

Qui pouvait miraculeusement changer l'Afrique, avec son programme de travaux mains nuit. Il avait cassé l'orgueil des folies de grandeur et il a rendis un peuple intègre ouvris les yeux de la jeunesse africains donnée le droit de tout le monde il a ramené les gens aux même niveaux de compréhensions et d'informations.

Il avait rendis justices aux milieux rurales entre les faible et les plus forts

S'il vivait encore l'Afrique pouvait espérer un changement réel. Un changement qui prendra en compte toute la société africaine

Pas 20% des populations vivant dans des conditions meilleur et crient l'émergence.

Pendant que les 80% ses couches la nuit rêvent comptent qu'en se réveillées matin trouvant que tout a changé que

L'Afrique devienne la première puissance mondiale.

Tous les dirigeants africains parlent d'émergences mais aucuns signes d'émergents dans les populations locales.

Ce le rêve qui habite le cœur de tous les Africains, dormir la nuit se réveillées trouver que Afrique est devenir première puissance mondiale.

La patrie ou la mort même si nous n'avait pas vaincus.

La seule solution pour émerger Afrique est de mettre tout dans l'agriculture par ce que nous ne savons pas faire l'industrie, nous ne

Métriserons pas non plus les commerces seule métiers réserver pour nous les Africains sur la planète est la terre.

Si les dirigent africains pouvaient se rendre comptes.

Chers dirigent Africains je vous en prie arrêté de signes des contrats inutiles qui ne peuvent pas contribuer au développement de l'Afrique ce n'est pas les 20 % des populations qui sont dans les gouvernements qui peuvent développer Afrique, pendant que les 80% des populations sont livret a eux-mêmes.

Pour développes Afrique ce si simple comme l'eau à boire sauf si ce les colonisateurs qui refuses de voir une Afrique développer.

Voici tout ce donc nous avons besoins pour émerger Afrique.

Chers présidents vous savez très bien que la plus grandes parties de l'Afriques est en maque de l'eau, les boulevards d'Afriques peuvent

attendre. Ce ne pas les boulevards que nous avons besoins en Afrique pour le moment ce les canalisations et des barrages.

Chers présidents Africains si vous voulez voir une Afrique émergents mettre tous vos poids dans l'agriculture ramènent les jeunes aux villages, faisant en sorte que les jeunes ne convoiter pas les grandes villes.

Donner vous les mains chers présidents Africains

Faite en sorte que CEDEAO et UA deviennes des organisations qui gères les Canales les barrages et les agricultures, Je suis convaincue que c'est la seule solution pour voir une Afrique émergent et rapide.

Faisons les Canales affaires de tous barrages affaires des tous, si vous faite cela vous aller voir Afrique émergents dans si peu de temps.

La jeunesse acceptes de se faire enrôler dans les rebellons parce que nous avons fins,

Ce parce que nous sommes flustres ce parce que nous avons la haine

Ce parce que nous sommes fâcher et nous voulons voir la fin du monde une fois pour tous.

Monsieur cher président de la république nous t'avons votez pour que tu sois l'homme le plus puissant le plus fort dans notre pays, mais pourquoi une fois devant les Occidents tu te comportes comme un faible, tu marches ver eux en courant pendant qu'ils sont arrêtés pour t'attend, quand ils viens chez toi tu cour pour leur accueilles tandis qu'ils marches leur rythme en ver toi, Pourtant nous voulons te voir marcher avec fierté comme Barak Obama et serré la main de président français comme Obama le faire.

Dit aux Occidentaux qu'on a besoins de l'eau dans les zone ou y'a pas de l'eau qu'ils creusent des Canales et de barrage pour nous.

Commença les bon nombres des jeunes pourrons rester au village pour travailles des jardins cultiver les pomme de terre les oignons les tomates, lorsque on produits au maximum les produits vivrières au lieur de

fabriquée des armes de guerres pour aller tuer en Syrie qu'ils fabriquent les machines de transformation des produits vivrières pour nous permettre de transformer nos produits sur place.

Monsieur les présidents cet où Vous cherchez les solutions des immigrations, les problèmes des rébellions ?

Si par Azare qu'une rébellion s'éclater tout de suite, chasse que les jeunes serrons prêts à le rejoindre, regarder vous-même dans les gare routières, ces jeunes qui traines dans les boues, d'autre vols les sacs et les portables, d'autre ce faire appeler Gnamoros, et d'autre jouent aux syndicats de transport.

Vous pensez qu'ils veulent riens faires ? Non ce parce que vous ne leur a riens donner affaires ! Certains viennes depuis 5 heures de matin d'autre à 6 heure vous penser que les paresser peuvent se levés a c'est heure-là? Regarde les femmes les filles les femmes marié depuis 4 heure de matin elles sont dans la gare pour vendre des comprimés d'autre vente des lègues, elle aussi ne veut pas travailler ?

Vous vous sacrifiés pour votre pays pourtant vous ne faite riens pour la population, vous avez encouragé les micros crédits pour permettre aux populations de bénéficies des prêt pour développer leur métiers, monsieur le président chasse que les micros finances ne sont pas là pour aidées la jeunesse ni pour lutter contre la pauvreté, ils sont là pour faire les affaires avec les hommes d'affaires, pas pour aidés la jeunesse ni pour lutter contre la pauvreté,

Ce qu'ils demandent comme conditions les 80% des jeunes ne peut pas remplies ce conditions, quelqu'un qui viens à peine de sortir d'apprentissage de constructions mécaniques il cherche à se installée mais il n'a pas des moyen, comment voulez-vous qu'il fournit papiers d'impôts ou patente, qu'il présente un magasin qu'il occupe depuis 6 mois, avent de accéder aux prêts.

Une fille qui vienne de fini la formations de pâtisserie elle a besoin de four pour travailler et comment vous pouvez la demande de fournis patente ou impôts avant d'avoir un prêt ?

Si vous voulez aidée les jeunes s'ils présente les preuves de ce qu'ils savent faire suivre lui chez lui a la maison comme vous avez l'habitude de le faire, trouvé un parent qui accepte de lui garantie ne lui donne pas forcement

l'argent liquides, aide lui a se installer en payant vous-même la caution du magasin achètes les matériels dons il a besoin assisté lui toute long du périodes des remboursements.

Voilà comment lutter contre la pauvreté, et aidés les jeunes à se prendre en charges.

Rafles les, gnamoro, les syndicats et les microbes, amener le dans des camps militaires qu'il soit nationaux ou non nationaux trouver des formateurs pour leurs former à cultiver, mettre le en quarantaines trouver quelques hectares de terre cultivables finances Lee, pour qu'ils cultivent pour nourrie les autres populations ! S'ils sont regrouper en coopératives et encadre par quelque soldat,

Commença eux-mêmes gagnes leur vies certaines peuvent même devenir des grands planteurs et des grands cultivateurs, ex ce que sera est difficiles monsieur les présidents d'Afriques.

Afrique mon Afrique la jeunesse africains réveillerons nous, pendant qu'il est temps.

Car nous avons trop dormir, et nous continuons à dormir encore et encore sans se rendre compte, réfléchissent, s'il sa Veret que les contenir de rêve de camarade capitaine Thomas Sankara se fut réel et que qu'ils y'a d'autres forces qui nous cherches que

Les occidentaux, les chinois et les Indiens, son partir sur une autre planète ou allons-nous camarades ?

Puisque nous sommes plongées dans des commas compter sur les extra-terrestres qui viendrons nous sauver, se fort probable que nous serons réveillées de la même manière que le camarade capitaine Thomas Sankara.

Camarade capitaine Thomas Sankara avait des ambitions pour l'Afrique, et toi tu as fait quoi pour ton pays tu as inventé quoi ? Mr l'ingénierie espèce de petit forgerons quand tu allais à l'école ton père ne tait-il pas en train de fabriquée daba couteaux hache ?

Ce pas ton père qui fabriquait tous les outils de travail au village ?

Ton père n'est-il pas hériter cela à ton grand père ?

Ton père n'a pas puis amélioré l'atelier parce qu'il n'a pas eu la chance d'aller à l'école comme toi,

Quand tu étais au primaire, ce pas dans le même atelier que tu allais prendre l'argent de poche ? De temps à temps tu sifflais la fournaise, jusqu'à à ce que le fer devienne rouge ?

Tu te souviens ?

Et, quand tu as eu le BPC tu n'as pas pensé que tu ne pas comme les autres, que tu as une entreprise à gérer ?

Tu n'as pas pensé à orienter te études vers la mécanique parce que tu dois améliorer l'entreprise familiale que tu as laissé derrière toi au village ?

Petit forgerons tu veux devenir quoi qui est plus mieux que le métier forgerons sur la terre dit moi ? Tu as préféré devenir employé d'un autre forgeron parce que lui ne se pas plonger dans les commas comme toi lui avait des ambitions pour revenir améliorer l'atelier de ferronnerie de son grand père, il fabrique aujourd'hui fer a bétons tôle, pointe machettes, après te études d'ingénierie toi tu portes costume pour t'assoir en tant qu'un haut cadre dans le bureau de cette atelier parce que tu es ingénieur ?

Pourtant, il te suffisait seulement d'être vivant pour mieux faire que ça tu as refusé d'être forgerons de ton village et tu as préféré devenir employer d'un autre petit forgeron, qui n'a même pas ton diplômé ?

Dommage.

Petit peule à peine baccalauréat tu as déjà oublié comment ta mère fabriquait le fromage traditionnelle ? Fromage du bœuf de la chèvre du mouton ?

Ta maman faisait tout ça sur te yeux, aujourd'hui se toi qui es assis dans le capitale pour conjuguer les chiffres de parieurs de tombola tu ne peux pas aller conjuguer le lait de la chèvre au village pour fabriquée de fromage ? Le fromage de chèvre qui est plus chères dans les super marchée !

Afrique mon Afrique pitié réveillerons nous avant qu'il ne soit trop tard es ce que ce parce que nous sommes maudis ou ce parce que nous ne sont pas intelligents ?

Non

Je ne crois pas à tout ce là, je sais que nous sommes intelligents et je crois fermement que nous ne sommes pas maudis.

Les écrits disent que lors que dieu envoya l'ange pour venir prendre la terre pour la création d'Adam l'ange à couper toute les couleurs de la terre pour à porter à Dieu pour la création d'Adam et je suis convaincus que cela est vraie, si autorisation est donne a Adam et Hève de se procrée il aura forcément toute les couleurs.

La seule explication a tout ça quand l'homme noir mettre le pied dans l'école de blancs il se faire Terman d'urgions jusqu'il finit par rejoindre camarade dans les commas et la pluparts d'entre nous se réveilleras que dans la tombe.

Petit senoufo et petit Tagouana et petit Gimini, franchement je suis désolé vous qui accompagnent les groupe des femmes en brousse à 2h 3 heure de matin pour cueillir les feuilles et des écorches d'arbres pour venir vendre en ville comme médicament, tu connaissais plusieurs différents médicament, du palu etc... Après te études tu te spécialiser dans la pharmacie et tu es devenir pharmacien, mon ami avec tout ça, toi tu es devenir employer de commerce dans pharmacie même un comprimé toi tu n'as pas puis fabriquée ? Réponds-moi !

Et tu vends le médicament d'une personne qui a le même diplôme que toi yako. Vraiment mon ami Yako.

Afrique mon Afrique la jeunesse Africains redescendons sur terre recommençons à zéro il ne pas encore trop trad.

Ah petit Odienneka yako, maïs qui est le produis le plus rechercher aujourd'hui parce que ça faire beaucoup de chose les hommes se nourri avec, et se la matière première de manger de volaille.

Le kilo gramme de Maïs se à vend à Abidjan 115F CFA multiplier par 45 tonne qui fait un chargement de camion remorque calcule combiens ça fait avec tout ça tu assis à Abidjan pour supporter seulement les politiciens même si tu n'as pas allé à l'école comme moi au moins tu as quelques hectares de terre cultivables !

Le petit mossi esclave là tu penses que je t'oublier ? Toi ton père à passer tout sa vie dans les plantations de Felix Houphouët Boigny

Et ce dans ça il a payé ton école jusqu'à l'université, dans la plantation y a ananas, tomate cacao café, mon petit soyons sérieux avec tout ça se société de vigile tu es venir crée à Abidjan, tu n'as même pas puis bricolé une machine pour permettre de transformer ne serait qu'un seule de ses produits ? Ha !!! Ha !!! Afrique quand ex-que nous serrons réveillés de nos sommeils ?

Mamoudou Gassama tu viens de alourdis nos sommeils, pendant que le superman dépenses des millions dollars en Hollywood pour grimper les murs en rêves Mamoudou Gassama viens réaliser ses rêve en un clin d'œil.

Non seulement ce la encourager les bon nombres des jeunes aux candidats des immigrations, et alourdis les sommeils des jeunes qui rêves de voir Afrique miraculeusement devenir émergents.

Ha !! Mali Ba un peuple unis pour un but

Chez nous au Mali Ba ! Ces nos papas et mamans qui sont nobles si non nous avons changé de clans hein !

Toute la jeunesse malienne sont devenir Finès le Finès se celui qui a l'art de parler mais il ne chante pas, son métier est de glorifier les autres.

Les jeunes maliens passe leur temps à glorifier les autres, quand tu parles de l'intelligence ils te diront que les maliens sont les plus intelligents ils vont te citer tout de suite Check Modibo Diarra de la NASAR

Quand ils s'installent au tour du thé ils oublient complètements qu'ils sont eux même des nobles, et des enfants des nobles.

Le plus étonnants sont les mécaniciens d'Afrique, en Afrique dans un garage mécanique il y'a quatre patrons, patron mécano, patron électricien, patron tôlier et patron peintre chacun a ses apprentis certains ont 10 apprentis d'autre ont 15 d'autre ont 10,12, pas moins, la plupart on commencer l'apprentissage depuis à bas âges certains ont plus de trente (30) de expériences, ils s'installes toujours dans le terre de gens la plupart travaillent ensemble conjointement pendant vingtaines ou trentaines d'années.

Ils sont toujours comme des zombies même les mendiants ne veulent pas s'assoir accoté d'eux dans un camion de transport, mais ils sont les plus fier ils se baladent partout en ville avec leurs tenue de zombie, sans se jeuner. Je ne jamais vu dans un garage ou le mécanicien, tôlier, électricien et peintre se sont mis ensembles pour monter un simple vérin qui peut soulever une voiture pour leur permettre de travaillés en toute confiances.

Ces individus qui prétendent être formateurs, qui veulent apprendre la jeunesse à se prendre en charges ne faire que donner leur propres images aux enfants,

Les images des esprits plombés.

Un garage qui employés au totale prêt de cinquantaines des individus, mais ces cerveaux ne sont jamais capable de mettes leur expériences ensembles pour crée une société générale mécanique.

Mettre une comptabilité qui pourrait leur permettre d'acheter leurs propres parcelles pour s'installer.

Ils sont toujours installer sur les hautes tensions ou sur les parcelles de gens.

Pas par manque de intelligences ni par manque des moyens ni par manque de savoirs, ce tout simplement la pure jalousie, et égoïsmes personne ne veut que l'autre connait ce qu'il gagne, et personnes veut voir son ami évoluer le mécano corrompes les apprentis électriciens et les chasses,

Electricien corrompes les apprentis tôlier, le tôlier corrompes les apprentis peintes et chaque année les apprentis partent et les nouveaux arrivent.

Après trois (3) ans de formation alcaïques, ceux-ci s'installes dans les même conditions continuer les pratiques et la même idéologie.

Le plus grave mal se trouve dans le monde de musulman noir la plupart des musulmans noir d'Afrique prient en n'insultants ou en se moquant, ou en s'amusants avec les noms de Dieu, parce que les 90 % des musulmans noir d'Afrique ne connaisse pas la signification d'un seule verset du coran.

Dans le temps passée certains de nos parents était des intellectuels, arabe il a eu beaucoup des saints en Afrique.

Les colons On faire disparait tous ceux-là depuis le temps colons, le grand père de mon grand-père maternel a était égorgé sur les 3 arbres de karité jusqu'à aujourd'hui l'endroit est appeler 3 arbres de karités, à la sortie du village de Tiémé à l'Est. Alpha Amadou Baba dit Karamokoba Sanogo

A était assassiné .

À partir de c'est instants la connaissance de l'islam a totalement disparus en Afrique noir l'islam est resté que de nom.

On dit quand un musulman entre en prière qu'il est en contact direct avec son Dieu, imagine vous demandez un audience avec le président de la république Français, l'audience accorder au moment d'aller comme la langue anglais est la langue le plus supérieur à vos yeux, vous tiré un extrait d'un discours écrit en anglais sans savoir le contenue, vous ne savez pas dans quelle circonstance ce discours a été rédiger, c'était contre les migrants, c'était pour l'anniversaire de reine d'Angleterre vous ne saviez riens, arrivé à l'Elysée vous déplier le discours et vous mettez à lire le discourt devant le président sans connaitre la signification d'une

Seule lettre,

Peut-être il est écrit dans le discours, vous les migrants d'Afrique vous ne saviez pas que ce dure partout dans le monde vous ne peut pas rester in peut chez vous ?

Vous pensez que l'argent est versé par terre en Europe ?

Nous on travaille ici on travail dure pour gagner allégis faire la même chose chez vous, travailler dure et dure vous sortira dans les misères.

Ou-bien c'est écrit dans le discourt majesté aujourd'hui vous avez 91 ans donc vous avez eu 1 an de plus je vous souhaite encore long vie pleins d'amour pleins de santé.

Je vous pose la question chers lecteurs, répondez moi, que ex que le président de la république Française retiens de ça ?

Ce la même chose quand un noir musulman d'Afrique prie.

Et pourtant on 'est censé d'aller demander pardon à dieu, pour effacer nos péchées, fortifie nos biens, multiplier nos substances nous donner long-vies santé prospérité, beaucoup de bonheurs dans notre famille.

Ors quand on se trouve devant Dieu dans la mosquée dans nos maisons dans nos boutiques ont faire comme vous avez faire à Elysée.

On doit s'attends quoi au retour par Dieu ?

Les étudiant qui vont faire des études chez les arabes reviens en Afrique sans garantis ni sponsor la pluparts devienne automatiquement des mendiants, ils sont laissés sur eux même ils ne peuvent pas travaillée dans le gouvernement, ils sont obligés de écrit des lettres aux riches arabe pour demande l'aumône légale.

Dieu merci que nous avons eu Cherif Ousmane Madani Haïdara pour nous faire revivre le vrais islam perdus.

Nous sommes musulmans et nous sommes fiers d'être.

L'islam est la religion universelle le plus civilisé au monde, qui prendre l'homme depuis le berceau jusqu'à au cercueil,

En imposants sa mode de vie aux enfants, aux jeunes et aux vieillards.

Les droit des enfants le droit et les devoirs des jeunes les droit et les devoirs des femmes le droit et les devoirs des hommes. Tout ceci est défini

Je ne peux pas comprendre qu'avec tout ça l'islam peut oublier le droit des autres communautés musulmanes non arabes, s'assent que tout le monde peut pas être intellectuels, et que tout le monde ne peut pas avoir la chance de comprendre une autre langue que sa langue maternel mais tout le monde a le droit de prier.

Peut imposer à toute le monde entier de priée forcement a une seule langue qui est l'arabes

Pourtant il autorise la tradition du coran à toutes les langues.

Pour convaincues les musulmans de l'Afrique noir, et leur faire des musulmans sincères, il soufi que les imams pries en lisant le coran en langue maternels Africains, les gens comprendront ce qu'ils disent et les gens serons concentrer à leur prières.

Quand on s'arrête derrière les imams dans les mosquées pendant qu'ils chantent en arabe nous pensions à nos occupations personnelles, parce que les 95% des fidèles ne comprennent rien de la signification de ce qu'ils chantent, donc il est impossible de ce concentré.

Ma sœur tu sais quoi ? Ta solution est de t'injecter une dose mortel commença tu te réveilleras peut-être dans un monde de blanc, et tu deviendras une blanche,

L'occident à refuser d'être créature d'un Dieu, nous les noir avons reconnu que nous sommes créé par un Dieu mais la plupart d'entre nous croix que Ce Dieu qui nous a créé ne pas un créateur professionnel (souhanallah.)

Celui qui nous a créé, se glorifié après notre créations en disant

« Jais crée l'homme dans la plus belle forme de façons harmonies, »

Harmonie d'autres blancs avec des cheveux gril, harmonie d'autre jaune avec des cheveux noir harmonie d'autres rouges avec des cheveux marrons et d'autre noir avec des cheveux courts, ce la significations de la plus belle formes de façons harmonies.

Mais l'Occident par l'orgueil refusa d'être créature d'un Dieu, ils cherchent la nature de leur provenance a hier.

Les noirs par ignorances pensent que Dieu se tromper pendant leurs créations.

La femme de teint noir veut forcement devenue claire, parce que Dieu se tromper de lui faire une femme de teint claire (Soubouhana Allah) les messes les faux cils les faux ongles, tous cela est pour dire à Dieu qu'il n'a pas su faire sa créations.

Je remercie Mme KOIZAN la dame de valeur avec son teint bien noir, qui a sui préservée son teint noir. Pourtant elle a tout le moyen pour changer son peu noir, parce qu'elle est la femme de Mr KOIZAN le frère ainé de madame Henriette Henri Konan Bédié, Konan Bédié l'un de riches ancien président ivoirien.

Ma sœur ex que. Toi-même tu es cultiver dans le monde au quel tu vie ?

A tu une fois vu certains suédois ou de certains norvégiens, ils se plaies très biens avec leur peaux de caïmans.

Que ex ce que es plus belle qu'une femme de teins noir cheveux bien tressé

Pourquoi dieu ta crée belle et tu veux forcement te transformé en singe avec des faux cils des faux ongles et te surchargée avec des cheveux des mort.

Reste naturelle si tu es vraiment civilisé ma sœur tresse toi,

Mon ami je n'ai Abe seulement rien à te dire toi met produit pour avoir teins claire garçon tous ce que je peux te donner comme conseillé pour t'aider et de te indiquer le plus court chemin pour enlever ta peaux,

Les bouchés sont professionnelles rapide et moins cher.

Voici l'Afrique du 21e siècle

Afrique de Ramsès II, l'Afrique Cléopâtre, Afrique de Soundjata Keita, chaka zoulou, et Abla Pokou, Afrique de Samory Toure.

Après le rêve briser de camarade Thomas Sankara l'Afrique est entrains de à nouveau plongé dans les commas.

Les dirigeants africains oublient la distance qui nous sépare avec les autres, Ex-que un enfant de 2 ans peut 'il joué à la corde avec des enfants de 7 ans ?

Non je ne crois pas jais l'impression que se la même chose entre l'Afrique et l'occident, l'Afrique oublies le point de départ de l'occident aucun miracle n'à changer l'histoire de l'occident, ils sont travaillés dure pour arriver là où ils sont.

Chaque famille avait un métier et toute les famille ont faire effort pour développer leur métier aujourd'hui chaque famille sont devenir propriétaires de entreprise, ce vraies qu'ils nous ont mis en retard par la colonisation mais pas parce que ils nous sont colonisé, au contraire la colonisation devrait être un outil important dans les développements de l'Afrique, normalement les premiers africains qui ont eu la chance d'être les collaborer des blancs chez les blancs devraient savoirs qu'ils avaient la mission d'espionnages chez les blancs au compte de l'Afrique, mais ce ne tait pas le cas quand ils se sont vu manger a la même table que les blancs boire dans même verre que les blancs pendant que certains Africains sont vendu au marchée d'autre sont transporter sur le bateaux au pays de oncle Sam, eux se voyaient déjà directement devenir blancs de la peaux noir,

Oubliant leurs missions, une mission ratée qui a coûté très chères

À l'Afrique.

Maintenant pour copier les occidents nous devrons calculer le temps qui nous sépare, où ex ce qu'ils nous ont laissé, au général Dé gaule,

au roi lui 16 ou avant tout ça ?

Tan qu'on ne commence pas au commencement nous ne trouverons pas les vrais chemins, nous partirons des artificielles en artificielles Afrique émergent artificielles Afrique développement artificielles.

Afrique avait une civilisation il faut retrouver cette civilisation, pour avancer, que le griot reprenne leur Tam Tam, les Finès reprendre la poésie, les forgerons sur la fournaise, les nobles aux champs, et que les Worosso tisses cet avec cette société biens organiser biens ordonner que ont peux développer Afrique.

Ce que je déplore de la colonisation se deux choses très important, pour empêcher a l'Afrique de se réorganisé, peut-être peur de la revanche, ils sont éliminés tous les cerveaux de l'Afrique, ça je déplore beaucoup, le deuxième facteur que jais regretté et je continue à regretter encore et encore, jusqu'à la fins de mes jour est les américains noir, jais était douleur par les traitre négrières je regrette pour cela. parce que ce tait les même missions, ils devrais comprendre qu'ils sont partir en guerre, quand ont vas en guerre ont met pas forcement en tête que on vas pour revenir à la maison,

Les noire ont était torturer bastonner mal traiter en Amérique, mais pour moi tout ça fait partie de la guerre, si les afro Américains avaient compris les missions.

Les noir Américains ont eu tous les esprits sauf l'esprit des vengeances.

Ils sont étaient flustres fâcher haines, mais ils n'ont jamais eu l'esprit de vengeances,

Si non !

Les noir américains devrait met dans leur tête qu'ils sont africains, et qu'ils resteront africains, jamais des américains, les noir américains ont pensé à eux seule ils n'ont jamais pensés à leurs ancêtres, ils n'ont pas pensés une minute les jours de la capture de leur ancêtres dans leur villages d'origine.

Ah oui ils n'ont jamais sentier ce que nous avons ressentir pour leur ancêtres, quand nos parents nous rencontrait avec larmes aux yeux, sa nous empêchait de manger sa nous révoltait, nous pleurons, et nous avons grandi avec cette douleur dans les cœurs.

Des familles ont était endeuillés, des jeunes femmes condamner a vivres avec célébrité, elle ne pouvait pas se mariée à un autre homme elle ne pouvait non plus faire l'amour avec autre homme

Parce que la fornication et adultères, enfants hors mariages était les choses le plus condamné en Afrique noir voir peine de mort même étend animistes,

Pour ne pas bafouées leurs dignité en cas des grossesses non désirée, les femmes donc leur maries sont en captivité resta pendant des années, pour attends,

Certaine femmes qui n'ont pas puis supporters cette situations sont mortes quel que années après par manque de

rapport sexuelles.

Jais a pris l'histoire d'un jeune homme appelé Baba Konate qui venez de se marié avec une de très belle fille elle était la plus belle fille du village d'ailleurs, l'homme aimé sa femme trop comme pas permis, la femme aimé aussi son nome dans leur causerie nocturne,

« Je ne pense pas avoir pouvoir prendre une deuxième(2) épouse, comme les autres le fonds, » dit Baba

« Pourquoi tu dis ça ? Pour me blaguée hein !!! L'homme noir ne peut jamais s'en passer de prendre plusieurs femmes. » Dit Fatoumata

« Moi je le ferais ! Parce que je ne pourrais jamais dormir dans une autre chambre dans le même village ou toi tu es sans être avec toi, sauf en voyages, »dit Baba

Humm !! Je ne suis pas d'accord avec toi, si tu refuses de prendre une seconde femme les gens du village diront que tu es devenir esclave de femme ! » Dit Fatoumata

Oui je préfère ça ! Que les gens m'appel esclave de Fatoumata Konate la princesse de manding Fatoumata la plus belle du village. » Dit Baba

Humm ! Qui ta dit que se moi la plus belle ? Y a pleins des filles plus belle que moi au village et dans les villages environnas, »

Dans tout le peuple manding je ne pas encore vu une femme plus belle que toi Fatoumata même les femmes sont amourée de toi au plus fort que

Les hommes. » Dit Baba

« Pour me flatte hein !! ? » dit Fatoumata

« Je jure que y'a na pas ! » Dit Baba Fatoumata se leva et s'assoir sur la natte et demanda à Baba de lui donner sa main, Baba tend sa main droite à Fatoumata, elle accrocha son doit indice au doit de Baba et dis ceci.

Je jure que je ne partagerais jamais mon corps avec un autre homme ni de ton vivent ni après ta mort. »

« Ne dit pas ça, de mon vivent oui, mais après ma morte ne dit pas ça, »

« Je dis biens ni de ton vivent ni après ta mort je le répète. »

Quelque mois après leur mariage,

Fatoumata tomba en ceinte de leur premier enfant,

L'homme voyagea dans un village voisin pour aller à une funérailles, avec ses amis, tous chacun sur son cheval, au retour arrivé en brousse entre les deux villages les sorciers de blancs sont apparu devant eux, et le faire disperser.

D'autres ont eu la chance de regagnés le village, Baba et certains personnes n'ont pas eu la même chance de revenir au village jusqu'au aujourd'hui, car ils furent capturer par des chasseurs de l'homme noir.

Fatoumata la femme de Baba resta seule pendant des années pour attends son homme sans succès, les saisons pluies et les saisons cesses passa, plusieurs lunes et années se sont écoulés, Fatoumata refusa de croire le non-retour de Baba, elle repoussa toute les avances des hommes qui lui faire proposition de remariage,

Fatoumata mourra par manque de faire l'amour, 15 après la disparition de son marie Baba.

Voici ce que l'Afrique avait subite pendant les traites négrières

Si le noir Américains savez ça, et qu'ils voudraient se venger des blancs Américains, dès premières occasions ils devraient regagner l'Afrique, Afrique n'aurait jamais refusé uns fils ou une fille revenir du pays quel que soit le pays d'accueils, et se tait la seule solution aux noir Américains de se venger.

Venger ne pas forcement prendre revolver pour tirer sur un blanc,

La meilleurs façon de se venger, était de revenir en Afrique sur la terre de vos ancêtres avec ce que vous avez acquises comme connaissances, sur ça tous les moyens était bon pour gagner, voler les plans de développement,

assassiner les cerveaux, s'il le faut comme ils nous son faire pour nous empêcher de se réorganiser.

Sacrifies vous en espionnant les plus hautes institutions du pays comme la NASAR etc...

Tous ceux qui avaient des ambitions pour se venger, ou pour légalités des peaux.

Martin-Taking et tous les autres combattant afro américains ont faillir à leurs missions.

Parce qu'ils sont choisir le mauvais endroit au mauvais moment.

Afrique était le meilleur endroit et était le temps pro piste, pour les Afro Américains qui avaient des ambitions pour venger leurs ancêtres.

Un proverbe que tous les Africains prononces qui dire, qu'on ne reste pas dans magnans pour se débraser des magnans, il faut d'abord quitter sur les termitières avent de commence à enlever les magnans sur vous !

Chers afro américains quel sont les bilans que vous pouvaient faire aujourd'hui pour votre combats des années précédents,

Quel sont les bilans de 50 années passer ?

Vous ne peut pas citer Obama parce qu'il n'est pas de vous !

Quel sont les images positif que vous montrez au monde entier ?

Votre comportement vos habilement ne fait que nous faire souffris !

Gros chaines au cou bras, pantalons qui tombe laissent les fesses dehors, tout cela nous faire revivre le film des captivités de nos ancêtres,

Chaine au cou au bras les deux mains lié devant attacher à une autre personne qui vous tire et vous tirer celle qui vous suivre celle-ci tir celle qui est derrière elle, et sa faire une chaine humaine, en ce moment quand votre culotte tombe vous n'avait aucun moyen pour la faire remonter.

Mes frères & sœurs afro américains voici les souvenir que vos accoutrements nous faire revives.

Des souvenir qui nous faire saigner, et qui nous faire pleurer.

Nos imaginations traduits votre manières de portes des vêtements et votre parures, ça nous faire voir image de Baba mari de Fatoumata, sa nous faire voir image de kounta kinté et sa nous faire pleurer.

Ça m'obliger a chanté cette chanson durerez,

Au bord de la mer, en Gambie, kounta kinté, sur le bateau chaine au cou aux mains aux pieds, Kounta Kinté, laissant sa famille, derrière lui, Kounta Kinté, partir pour un monde inconnu, Kounta Kinté.

Ayayh !!!, ayayah !!! , yayahi !!, woohi ! Kounta K inté.

Humm !!! Kounta !! Kounta kinté hehi !! Kounta kinté heh !!!

Humm !!! Baba ha!! Baba Konate

Elle t'attendit ! !!, Maman

Fatoumata ta attendis !!!,

Elle a dit!!! Qu'elle te demande pardon, qu'elle te demande pardon d'avoir était peut-être une porteuse de malheur dans ton foyer, elle te demande pardon, qu'elle avait essayées de t'attendre, mais que ses forces c'est épissée aux cours de chemin, elle te dit qu'elle a puis tenir sa promesse, et qu'elle t'attendra au première porte de firmament, et elle ta dit à Dieu he !!! he !!!!

S.O.S

Extra-terrestres venez nous secouriez

Je demande pardon à tous ceux donc j'ai puis offensé je vous demande pardon à cause de dieu, l'intention est de réveiller la conscience de la jeunesse Africains.

Pardon aux Maliens pardon aux ivoiriens pardons à tous les Africains

Je demande pardon aux mécaniciens, je demande pardon aux musulmans

Je demande pardon aux chrétiens aux arabes aux Occidentaux aux Américains aux Israéliens aux syriens aux présidents Africains et à tous ceux que jais puis offensé dans le monde entier.

Ce que je propose à la jeunesse, pour l'épanouissement de la jeunesse Africains et la lutte contre immigration clandestine.

C'est de arrêter de travaille à l'individuel mettez-vous ensembles en

Quarantaines (40) partout où que vous soyez élaborer des projets ensembles, même si vous avez eu les promesses de financement évitez de vous engager sans la moindre de formation a la matière dans les domaines au quel vous allez développer

Soit, vous aller vous former chez les autres, ou vous engager un formateur si vous a n'aviez les moyens,

Les secteurs vivriers et le l'élevage sont les deux activités productif qui peut rembourser rapidement sont crédit.

Et je propose ma solution aux occidentaux et aux dirigeants Africains pour la lutte contre immigration clandestin, immigration clandestine mettre l'Afrique en retard et s'n'arranger pas aussi l'occident donc ma solution est

d'envoyer de formateur comme des humanitaire dans toute les régions en Afrique former la jeunesse à développer les activités de chez eux,

Car chaque région de l'Afrique a des activités porteuses et toutes les régions ont besoins

De produits de l'autre région L'Afrique vivres en échanges des produits, On 'est pas besoins de faire ce qu'on faire dans l'autre région pour dire que ce ça qui est la mode.

Former les jeunes chez eux et les installer chez eux en coopératifs avec des comités de suivis étrangères, est la véritable solution aux immigrations clandestine.

Je ne peux pas comprendre que avec la terre fertiles que la Côte d'Ivoire égorge avec tout ça nous avons besoin de riz chinois pour ce nourrie pourquoi nous sommes obligés de importer les riz les sucre, pommes de terre le oignons nous importons tous même les poulets la viande de bœuf, même les carottes

Pendant ce temps dans les villages comme en ville les jeunes sont assis que y'a pas du travailles.

Les poulets sont-ils fabriquée par les blancs les bœufs les moutons sont aussi fabrications des blancs ?

Le riz, pomme de terre et les oignons ne sont pas de fabrications des chinois ?

Nous pouvons faire comme les chinois si les moyens sont mis à la disposition,

Je répète faite en sorte que les jeunes ne convoites pas les grandes villes se la est possible si vous concentré vos financement dans milieux rural.

Financiers les jeune en coopératives et construits des maisons sociaux dans les villages pour les jeunes ce la retiendra les bon nobles des jeunes au village fais en sorte que les villageois se sent biens au village qu'en ville, si vous faite cela vous verrait que même les route sont suffisants il aura moins des embouteillages, investir au zone rural est plus important que des essanger , plus important que des pont parce si vous reçus cela, vous verrait l'Afrique émergent sans trop d'effort.

Certaine me dirons depuis que tu as publié un livre tu te prends pour héros non je ne suis pas un héros mais je suis un homme serviable, serviable a tout le niveau J'ai appris à réparer cuisinière a gaz trois ans après voici l'innovation que j'ai puis faire, dans ce milieux,

Je me suis battu réfléchir essayer, pendant que mes voisin se moquent de moi les gens me prenez pour un fou certains me prenne pour un con d'autre me prenez pour une bête des personnes se moquent de moi en m'appela savant noir, Jai oser essayer Voici le résultat, en main nu sans matériels professionnelles aucune formation qualifiant.

SGCI

SANOGO GAZ CÔTE D'IVOIRE

Achetez article SGCI c'est protéger la forêt

Fourneau 4x4 30x30/70 H30
Barbecue 70x50+ 1 feu
Fourneau j13 b04
Piano simple 6 feux 40x40/120cm H 85
Four de pâtisserie
FOURNEAU J13 B04

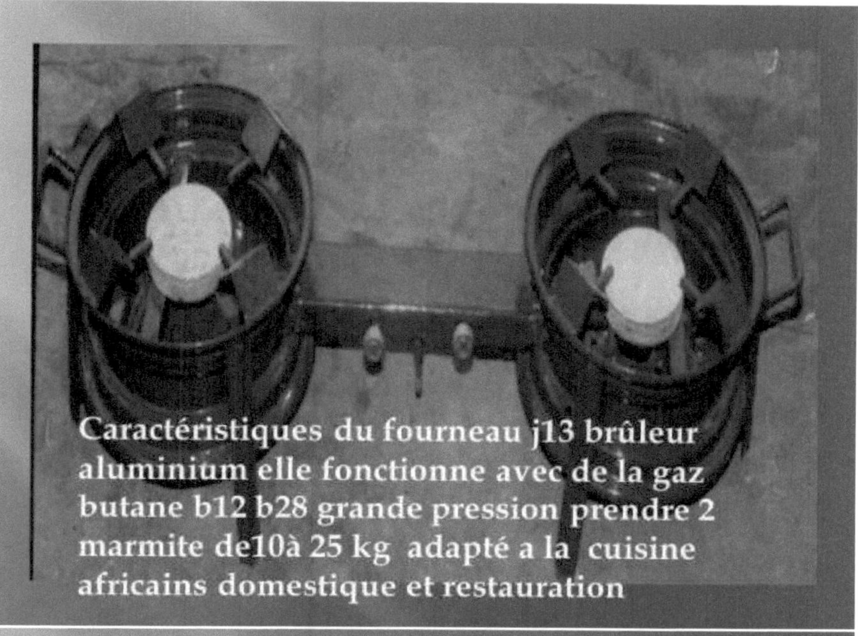
Caractéristiques du fourneau j13 brûleur aluminium elle fonctionne avec de la gaz butane b12 b28 grande pression prendre 2 marmite de10à 25 kg adapté a la cuisine africains domestique et restauration

Caractéristiques du fourneau j16 brûleur en fonte perforé elle fonctionne avec de la gaz butane b12 b28 grande pression prendre 1 marmite de10à 35 kg adapté a la cuisine africains

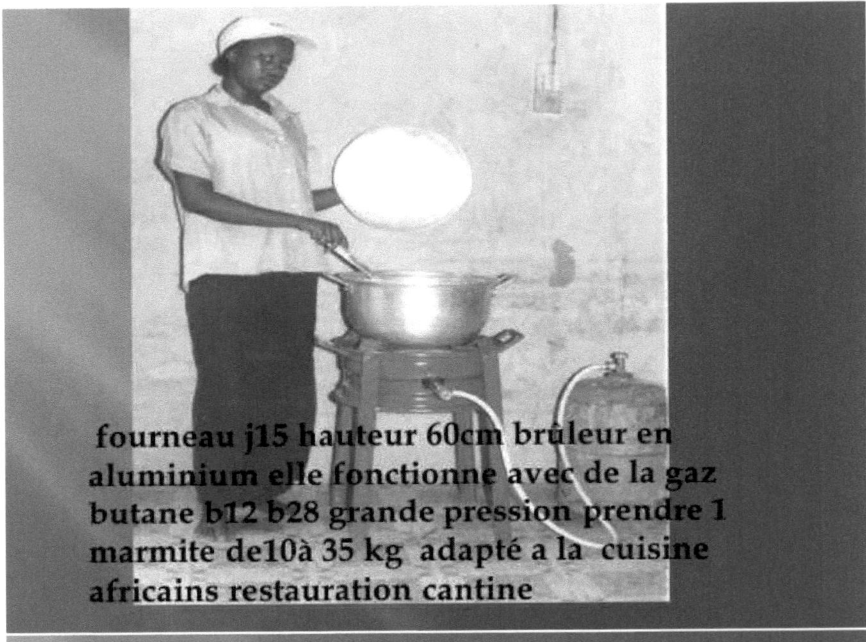
fourneau j15 hauteur 60cm brûleur en aluminium elle fonctionne avec de la gaz butane b12 b28 grande pression prendre 1 marmite de10à 35 kg adapté a la cuisine africains restauration cantine

2 fourneaux j14 brûleur aluminium dans un rayon de super marché elle fonctionne avec de la gaz butane b12 b28 grande pression prendre 1 marmite de10à 35 kg de adapté a la cuisine africains

fourneau 4x4/35x35cm brûleur aluminium
elle fonctionne avec de la gaz butane b12 b28
grande pression prendre2 marmite de0à 15 kg
de adapté a toute les cuisine restauration et
domestique

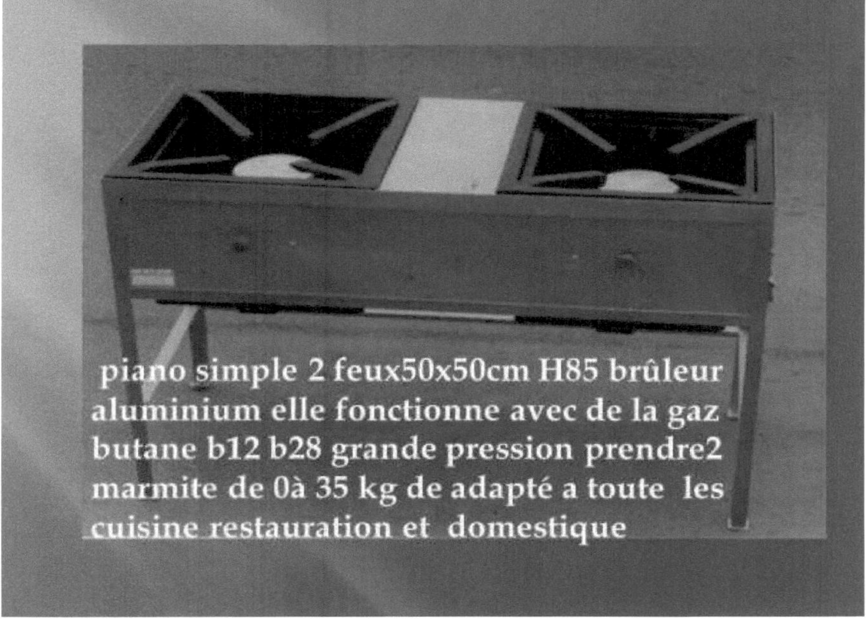
piano simple 2 feux50x50cm H85 brûleur
aluminium elle fonctionne avec de la gaz
butane b12 b28 grande pression prendre2
marmite de 0à 35 kg de adapté a toute les
cuisine restauration et domestique

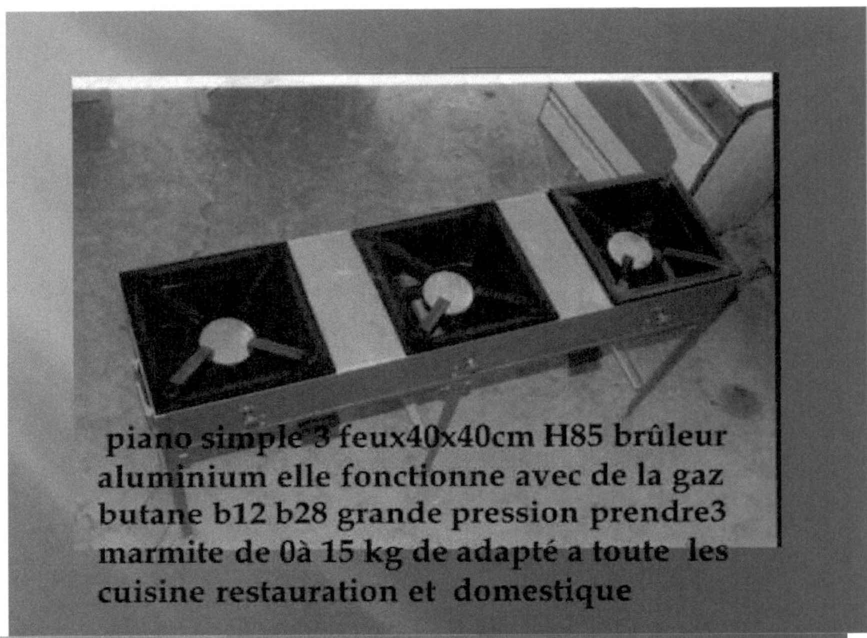
piano simple 3 feux40x40cm H85 brûleur
aluminium elle fonctionne avec de la gaz
butane b12 b28 grande pression prendre3
marmite de 0à 15 kg de adapté a toute les
cuisine restauration et domestique

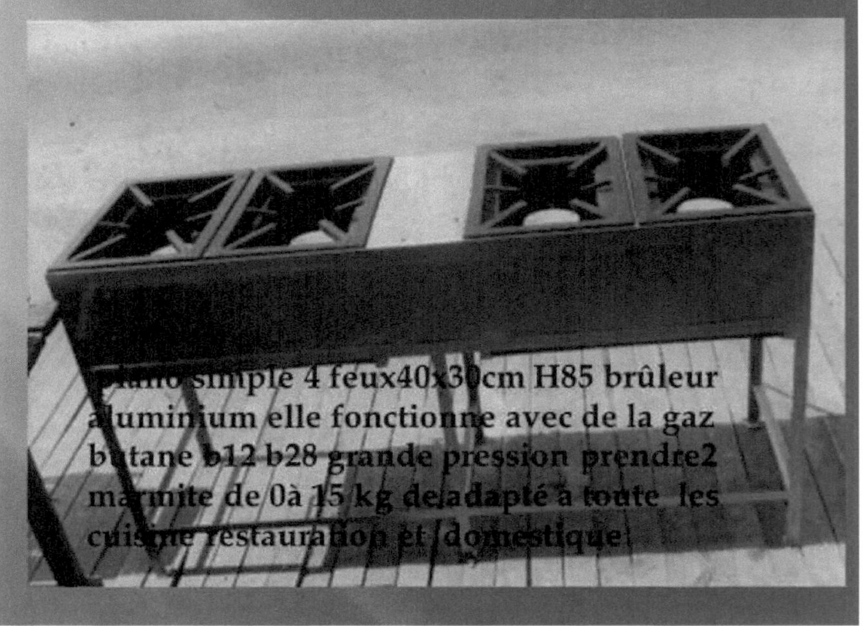
simple 4 feux40x30cm H85 brûleur
elle fonctionne avec de la gaz
b12 b28 grande pression prendre2
de 0à 15 kg de adapté à toute les
restauration et domestique

piano simple 6 feux40x40cm H85 brûleur
aluminium pieds démontable elle fonctionne
avec de la gaz butane b12 b28 grande pression
prendre 4 marmite de 0à 35 kg de adapté a
toute les cuisine restauration hôtellerie

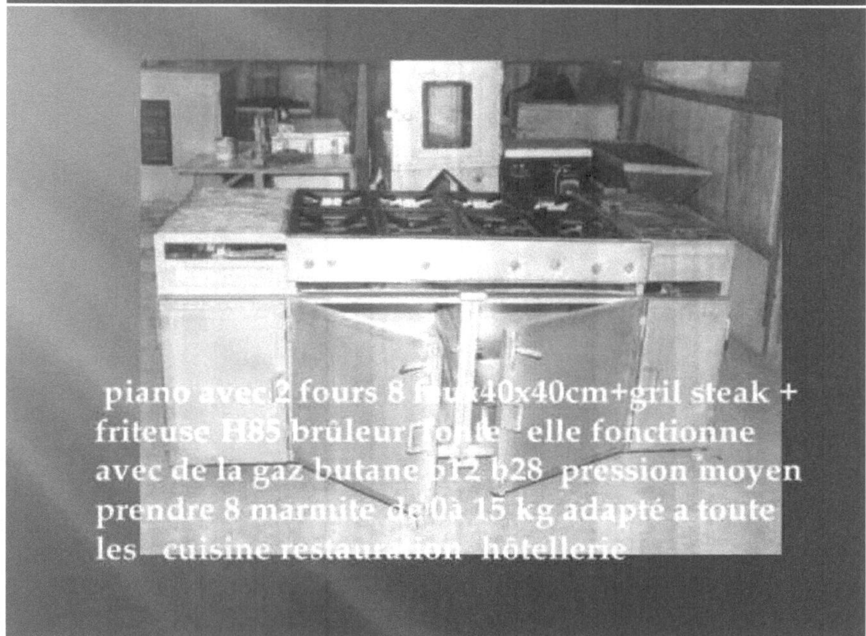
piano avec 2 fours 8 feux40x40cm+gril steak +
friteuse H85 brûleur fonte elle fonctionne
avec de la gaz butane b12 b28 pression moyen
prendre 8 marmite de 0à 15 kg adapté a toute
les cuisine restauration hôtellerie

piano avec 2 fours 8 feux40x40cm+gril steak +
friteuse H85 brûleur fonte elle fonctionne
avec de la gaz butane b12 b28 pression moyen
prendre 8 marmite de 0à 15 kg adapté a toute
les cuisine restauration hotellerie

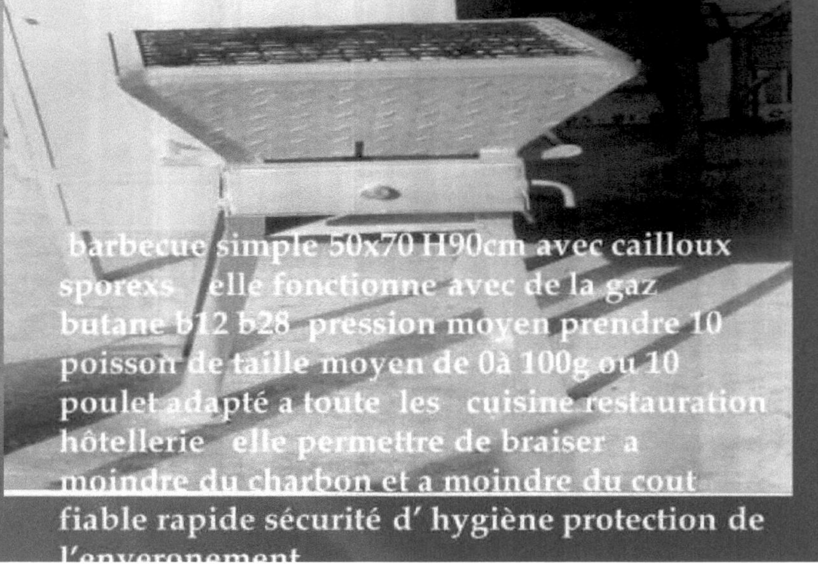
barbecue simple 50x70 H90cm avec cailloux
sporexs elle fonctionne avec de la gaz
butane b12 b28 pression moyen prendre 10
poisson de taille moyen de 0à 100g ou 10
poulet adapté a toute les cuisine restauration
hôtellerie elle permettre de braiser a
moindre du charbon et a moindre du cout
fiable rapide sécurité d' hygiène protection de
l'enveronement

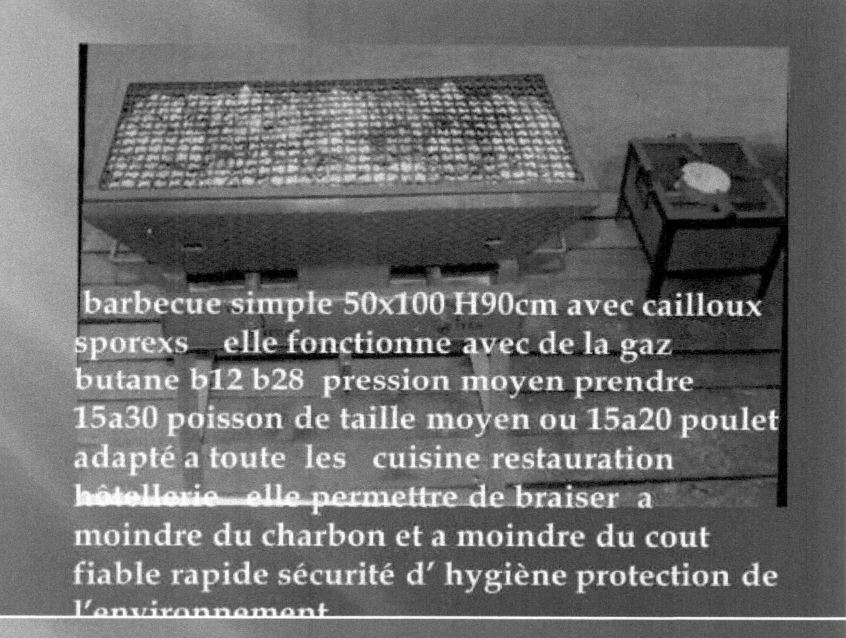
barbecue simple 50x100 H90cm avec cailloux
sporexs elle fonctionne avec de la gaz
butane b12 b28 pression moyen prendre
15a30 poisson de taille moyen ou 15a20 poulet
adapté a toute les cuisine restauration
hôtellerie elle permettre de braiser a
moindre du charbon et a moindre du cout
fiable rapide sécurité d' hygiène protection de

la nouvelle innovation de barbecue 50x70 +1
feu 50x30longuere 1m H90cm avec cailloux
sporexs elle fonctionne avec de la gaz
butane b12 b28 pression moyen prendre
20a30 poisson de taille moyen ou 15a25 poulet
adapté a toute les cuisine restauration
hôtellerie elle permettre de braiser a
moindre du charbon et a moindre du cout
fiable rapide sécurité d' hygiène protection de

Gril pain+ feu n° 5/ 4pain

Grille est une plaque
permettre de grille la
les poulets avec un feux de
marche sur gaz butane rapide
de hygiène garantie.
barbecue simple 60x70H90cm avec cailloux sporexs elle
fonctionne avec de la gaz butane b12 b28 pression moyen
prendre 20a30 poisson de taille moyen ou 15a25 poulet adapté a
toute les cuisine restauration hôtellerie elle permettre de
braiser a moindre du charbon et a moindre du cout fiable rapide
sécurité d' hygiène protection de l'environnement

Printed by Books on Demand GmbH, Norderstedt / Germany